国家社会科学基金项目（24BGJ049）；
河南省软科学研究项目（252400410357）；
河南省高等学校重点科研项目（25A630006）；
河南财经政法大学华贸金融研究院科研项目（HCHM-2021YB038）

新发展理念下河南省创新驱动府际合作网络及其协同演化机制研究

杨凯瑞◎著

XINFAZHAN LINIAN XIA
HENANSHENG CHUANGXIN QUDONG FUJI HEZUO WANGLUO
JIQI XIETONG YANHUA JIZHI YANJIU

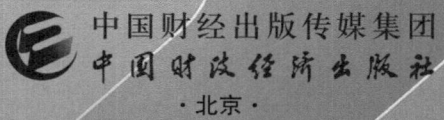

中国财经出版传媒集团
中国财政经济出版社
·北京·

图书在版编目（CIP）数据

新发展理念下河南省创新驱动府际合作网络及其协同演化机制研究／杨凯瑞著. -- 北京：中国财政经济出版社，2025.7. -- ISBN 978-7-5223-4072-2

Ⅰ. F127.61

中国国家版本馆 CIP 数据核字第 2025YS5727 号

责任编辑：庄　莉	责任校对：张　凡
封面设计：孙俪铭	责任印制：史大鹏

新发展理念下河南省创新驱动府际合作网络及其协同演化机制研究
XINFAZHAN LINIAN XIA HENANSHENG CHUANGXIN QUDONG FUJI HEZUO
WANGLUO JIQI XIETONG YANHUA JIZHI YANJIU

中国财政经济出版社 出版

URL：http：//www.cfeph.cn
E-mail：cfeph@cfeph.cn

（版权所有　翻印必究）

社址：北京市海淀区阜成路甲 28 号　邮政编码：100142
营销中心电话：010-88191522
天猫网店：中国财政经济出版社旗舰店
网址：https：//zgczjjcbs.tmall.com
涿州汇美亿浓印刷有限公司印刷　各地新华书店经销
成品尺寸：170mm×240mm　16 开　11.25 印张　170 000 字
2025 年 7 月第 1 版　2025 年 7 月河北第 1 次印刷
定价：58.00 元
ISBN 978-7-5223-4072-2
（图书出现印装问题，本社负责调换，电话：010-88190548）
本社图书质量投诉电话：010-88190744
打击盗版举报热线：010-88191661　QQ：2242791300

前　言

党的二十大报告明确指出："加快实施创新驱动发展战略。"河南省第十一次党代会报告提出："实施创新驱动、科教兴省、人才强省战略。把创新摆在发展的逻辑起点、现代化建设的核心位置，做强创新平台，壮大创新主体，集聚创新人才，完善创新制度，优化创新生态，建设国家创新高地。"进一步推进和落实创新驱动，正是实现河南省高质量发展的重要环节之一。创新驱动府际合作网络作为河南省各级政府在实施创新驱动发展中因相互合作而形成的关系网络，对河南省能否实现高质量建设现代化河南的目标起着至关重要的促进作用。本书以创新驱动和府际合作网络的相关理论为基础，从创新扩散逻辑和公共政策扩散理论出发，运用政策文本量化的方式系统地分析了2012—2023年河南省创新驱动府际合作政策体系的政策主体结构、主要发展内容构成和政策工具使用，并优化运用社会网络分析法系统地研究了创新驱动府际合作政策主体的协作演化，进而探讨描述了创新驱动府际合作网络的演变特征，同时提出河南省创新驱动府际合作的优化建议。主要内容如下。

第一，分析了河南省创新驱动府际合作政策体系的政策主体架构。本书以政策主体为切入点，深入研究其在创新驱动政策体系中的时间和空间分布情况，厘清不同时期的创新驱动发展政策主体及其所属的层级、领域，以描绘出河南省创新驱动府际合作政策体系的政策主体体系结构，客观地展现创新驱动发展政策体系和府际合作网络建设的动力来源。

第二，探讨了河南省创新驱动府际合作的主要发展内容构成。本书运用话语分析方法，对样本中的发展内容进行双重关联主题词的提取和统计，探讨了历年来创新驱动府际合作的主要发展内容以及各个时期的支持重点、不同政策主体的支持偏好等，并在基础上总结归纳出河南省创新驱动府际合作主要发展内容的时空分布规律，客观地呈现了河南省创新驱动府际合作网络的关键所在。

第三，研究了河南省创新驱动政策工具使用。本书在借鉴专家学者现有研究的基础上，结合河南省创新驱动府际合作的实际情况，将政策工具划分为供给型、环境型和需求型政策工具。这种分类方式更好地揭示了公共政策在推行过程中带来的影响和作用，以促进公共政策的实行，研究客观地呈现出了河南省创新驱动政策工具类型以及不同产业在政策推行过程中所得到的支持与关注。

第四，剖析了创新驱动府际合作网络中的主体合作演化。本书着重运用了社会网络分析法分阶段地研究了河南省创新驱动府际合作网络中政策主体协作演化的特征，并以网路节点与连线数、平均路径长度、网络密度和聚类系数为主要切入点，以更加科学、客观地展现府际合作网络的变迁演化。

第五，总结了创新驱动府际合作网络的演变特征，并在此基础上提出了河南省未来创新驱动府际合作网络的优化建议。本书在上述实证分析的基础上，抽象总结了当前河南省创新驱动府际合作网络的演变特点，并针对性地提出了未来创新驱动府际合作网络的升级优化方向。

目　　录

1. 引言 …………………………………………………………（ 1 ）
2. 理论基础、概念界定与数据采集 …………………………（ 5 ）
   - 2.1　理论基础 …………………………………………（ 7 ）
   - 2.2　概念界定 …………………………………………（ 11 ）
   - 2.3　数据采集 …………………………………………（ 14 ）
3. 河南省创新驱动府际合作网络的政府主体结构分析 ……（ 17 ）
   - 3.1　创新驱动府际合作网络的政策主体基本架构 …（ 19 ）
   - 3.2　创新驱动府际合作网络的政策主体的空间分布情况 …（ 25 ）
   - 3.3　创新驱动府际合作网络的政策主体的时间分布 …（ 31 ）
   - 3.4　本章小结 …………………………………………（ 38 ）
4. 河南省创新驱动府际合作主要发展内容构成 ……………（ 41 ）
   - 4.1　创新驱动府际合作主要发展内容统计描述 ……（ 43 ）
   - 4.2　创新驱动府际合作主要发展内容的空间分布 …（ 54 ）
   - 4.3　创新驱动府际合作主要发展内容的时间分布 …（ 59 ）
   - 4.4　本章小结 …………………………………………（ 70 ）
5. 河南省创新驱动政策工具使用分析 ………………………（ 73 ）
   - 5.1　政策工具分类及使用 ……………………………（ 75 ）
   - 5.2　政策工具三维分析 ………………………………（ 79 ）
   - 5.3　政策工具演化路径分析 …………………………（ 88 ）
   - 5.4　本章小结 …………………………………………（ 93 ）

6. 河南省创新驱动政策的影响因子分析 ………………………………… (97)
    6.1 河南省创新驱动政策影响因子的统计描述 ……………………… (99)
    6.2 河南省创新驱动政策影响因子的时空分布 ……………………… (104)
    6.3 河南省创新驱动政策核心影响因子分析 ………………………… (114)
    6.4 本章小结 …………………………………………………………… (126)

7. 河南省创新驱动府际合作网络的政府主体演化分析 ………………… (129)
    7.1 演化阶段划分 ……………………………………………………… (131)
    7.2 创新驱动府际合作网络分析 ……………………………………… (131)
    7.3 合作网络中心性 …………………………………………………… (137)
    7.4 合作网络演化特征 ………………………………………………… (139)
    7.5 本章小结 …………………………………………………………… (142)

8. 河南省创新驱动府际合作网络的演变特征分析 ……………………… (145)
    8.1 府际合作网络由繁到简 …………………………………………… (147)
    8.2 发展内容构成多元演进 …………………………………………… (148)
    8.3 合作网络非密集型演变 …………………………………………… (148)
    8.4 政策工具多样内容丰富 …………………………………………… (149)
    8.5 本章小结 …………………………………………………………… (150)

9. 河南省创新驱动府际合作网络的优化建议 …………………………… (153)
    9.1 加强府际合作网络中政府部门管理 ……………………………… (155)
    9.2 优化创新驱动发展内容和政策体系 ……………………………… (156)
    9.3 建立健全创新驱动发展的体制机制 ……………………………… (157)

10. 结论与展望 ……………………………………………………………… (159)
    10.1 研究结论 ………………………………………………………… (161)
    10.2 研究展望 ………………………………………………………… (166)

参考文献 ……………………………………………………………………… (168)

1. 引　言

1. 引言

党的十八大以来，党中央和国务院依据现实发展需求做出了深入实施创新驱动发展战略的重大决策部署，并在党的十九届五中全会提出要坚持创新在中国现代化建设全局中的核心地位。在推进区域创新的工作过程中，需要不同区域内各地方政府部门发挥比较优势、协同合作。在这个过程中，形成了复杂的府际合作网络，并为推进区域创新的府际合作奠定基础[①]。创新驱动府际合作网络作为国家创新驱动发展的重要组成部分，对我国能否迈入创新型国家前列起着至关重要的作用。中国科技创新资源本身分布具有不均衡性，区域性的资源交换、整合与对接有利于区域整体创新发展。相较于传统意义上的府际合作，在以科技创新为核心的全面创新中进行府际合作是一个更加复杂的议题。在一般府际合作的框架内，合作往往是基于共同问题和共同利益的驱动；但在创新合作中，政府将面对更高的外部性，合作的困难程度和阻力因此也更大。河南省是中国人口大省和经济大省，具有良好的发展基础，但省内区域发展不均衡，创新能力参差不齐，严重制约创新驱动发展战略的深入实施。为坚持新发展理念，贯彻创新驱动发展战略，实现高质量发展，河南省着力完善创新体系，加强区域协同创新，构建良好创新生态，建设成为中西部创新高地就成为当前河南省的重点工作之一。

国外学者较早开展了关于科技创新政策驱动经济发展的研究。1990年，美国管理学家迈克尔·波特首创"创新驱动"的概念，将国家竞争所推动的经济发展划分为要素驱动、投资驱动、创新驱动和财富驱动四个阶段。此后，Lynn 和 Smith（2002）研究了20世纪70年代以来的创新理论和创新政策实践，发现两者间的关系密切。相对于国外研究，国内学者对创新驱动的研究起步较晚，具体而言，我国创新驱动政策的现有研究主要集中在以下三个方面：（1）政策内容和结构，国内学者大多聚焦于近十余年来的创新驱动政策，主要运用政策文本分析法对政策主体、政策客体、政策主题、政策工具等政策基

[①] 刘鑫，邓斯嘉，赖彦钊. 区域创新共同体的府际合作机制及其建设发展对策：以成渝地区双城经济圈为例[J]. 科技管理研究，2022，42（24）：91-100.

本内容和结构进行了量化研究[①②③]，并探讨了政策制定的逻辑[④]；（2）政策对外界环境的影响，国内研究大多以省域范围为目标，研究国家和地方创新政策对社会发展、企业创新、制度体制、环境变化的影响[⑤⑥⑦]，并讨论了政策在社会各领域中的扩散现象[⑧]；（3）政策在细分领域的运用和绩效评价，国内学者在创新驱动的部分领域进行了政策运用的绩效评价研究[⑨]，在总结经验的同时，也发现制约我国创新驱动发展的多种因素。

总之，国内外学者在创新驱动理论、创新驱动实践、创新驱动政策（内容、评估、政策工具等）等方面做了大量有益探索。但是从历史的视角，对我国长期以来的创新驱动政策进行大样本的统计，对相关政策中的府际合作模式进行系统了解和认识并探讨其演变规律，在现有研究中仍是空白。基于上述情况，本书对河南省 2012—2023 年所制定的创新驱动政策进行收集统计，并借鉴社会网络的思想，对大样本的创新驱动政策相互联系、相互作用形成的府际合作网络及其整体演变和发展逻辑等进行研究，为河南省在创新驱动发展战略下实现高质量创新发展提供有益思考，并对创新驱动政策做出顶层设计和优化建议。

---

① 熊小刚. 政策工具视角下中国"双创"政策内容分析及优化建议 [J]. 软科学, 2018, 32 (12)：19 - 23.
② 王宏起, 李婧媛, 李玥. 基于政策文本的"双创"政策量化研究 [J]. 情报杂志, 2018, 37 (01)：59 - 65.
③ 杨凯瑞, 何忍星, 钟书华. 政府支持创新创业发展政策文本量化研究 (2003—2017 年) ——来自国务院及 16 部委的数据分析 [J]. 科技进步与对策, 2019, 36 (15)：107 - 114.
④ 王永清. 地方政府高层次人才引进政策创新研究 [J]. 现代经济信息, 2019 (23)：95.
⑤ 桂媛. "双创"政策引导与文化驱动机制建设 [J]. 中国高校科技, 2017 (12)：84 - 86.
⑥ 王宏起, 李婧媛. 区域双创政策对科技创新创业活动的影响机理 [J]. 科技进步与对策, 2017, 34 (18)：36 - 41.
⑦ 乌仕明, 李正风. 孵化到众创：双创政策下科技企业孵化器的转型 [J]. 科学学研究, 2019, 37 (09)：1626 - 1631, 1701.
⑧ 江永清. 基于 AHP 的我国政府购买服务支持双创政策扩散过程评价 [J]. 安徽大学学报（哲学社会科学版）, 2018, 42 (06)：149 - 156.
⑨ 郑秀梅, 王海燕. "双创"驱动经济发展的效果评价研究 [J]. 科研管理, 2019, 40 (04)：44 - 53.

2.理论基础、概念界定与数据采集

2.1 理论基础

2.1.1 创新扩散理论

创新扩散理论于20世纪60年代由Rogers提出,具有特定的分析框架,主要关注以下五个问题:具有重要影响的创新活动的自身特征、人们在采纳创新事物时的决策过程、创新采纳的个体或组织特征、个体或组织采纳创新的结果与影响以及创新扩散的方式与渠道[①]。该理论描述了新思想、实践或技术通过某种渠道随着时间推移在社会系统中传播扩散的过程。其中,扩散被定义为"创新在特定时间段内通过特定渠道在特定的社群中传播的过程"[②]。随着越来越多的人采用某项创新,采用者会通过对其他人施加压力或影响来推动这项创新的采用,可能会发生"过度采用"(over-adoption)。另外,有研究表明创新扩散过程可以分为五个阶段,每个阶段都有其特定的事件、行为以及决策的发生,并且后面的阶段只能在前面的阶段完成之后才能发生。而且,创新的扩散是需要时间的,并不是每个人都能在同一时间采用某一项创新。在扩散研究中考虑到个体的创新性,根据创新采纳倾向的高低,将采纳者分为以下五类:创新者、早期采纳者、早期的大多数人、晚期的大多数人和滞后者。并且Rogers提出,创新采用的曲线是呈从左下到右上的S形。左下方曲线的斜率表明创新采用率开始是较低的,在创新事物开始使用初期,接受人数较少,然后随着创新被越来越多的人迅速采用,采用率和扩散率随之快速增长,创新扩散达到一定程度,扩散速率趋于稳定。曲线的上部表示某项创新能够被后期采用者采用所需经历的时间。Bass(1969)则在此基础上提出了当前较为经典的"鞍形"创新采用曲线,当然也可能存在一些其他形状的曲线。

[①] 赵磊. 高校MOOC创新扩散动因及路径研究[D]. 大连:大连理工大学,2017.
[②] 赵吉波. 基于创新扩散理论的社区便利店代收快递采纳意愿影响因素研究[D]. 北京:北京邮电大学,2021.

创新扩散理论是推动创新驱动活动实施的重要基石，在一定程度上呈现出目前世界创新活动的基本特点和公共行政发展的规律与态势。因此，本书关注区域创新领域中政府的合作关系，探讨地方政府如何在创新领域开展合作，以何种机制能够高效解决行政壁垒与创新壁垒，以恰当的方式和理念系统地梳理河南省创新驱动府际合作网络的特点和逻辑，进而有效实现高质量的创新发展。

2.1.2 政策扩散理论

公共政策扩散是指在政策环境中，一项政策活动通过某种渠道，从一个政策主体传递到另一个政策主体，被新的公共政策主体采纳和推行的过程。研究表明政策扩散主要包括发起阶段、匹配阶段、执行阶段和后执行阶段，其中发起阶段主要是为接受和采纳一项政策做前期准备；匹配阶段主要是将采纳的政策与本地实际情况进行融合；执行阶段主要是将政策真正用于实践，解决实际问题；后执行阶段主要是对政策执行的效果进行评估和反馈，并根据评估和反馈的效果对政策进行进一步处理[①]。但是这些阶段并不都是连续发展的，可能共存甚至循环往复。所以一般政策实行之前会有试点活动，某种经验在地方试点成功后，在中央的顶层设计和大力推广下会在其他地方进行实践并流行。

在时间维度上，公共政策扩散一般会呈现"S"形曲线的特征。即在政策扩散早期，采纳者数量较少，增长速度较慢；当政策效果开始展现，从某个时间点上开始，采纳者数量急剧增加，增长速度会迅速上升，并维持一段时间；随后采纳者数量逐渐接近饱和，速度放缓。在空间维度上，公共政策扩散的邻近效应明显。随着城市群的行政边界不断扩展，越来越多地方加入现有城市群当中，相关的治理模式和制度性的安排随着地方政府间的创新合作而不断被采纳吸收。众多研究发现，地理上相邻或接近的政府之间更容易发生政策扩散，一方面是因为地理上邻近的政府之间容易形成有效的沟通网络，信息传递成本较低；另一方面相邻政府往往在经济、政治等方面存在直接竞争，会争相采纳某项流行的政策项目。同时，随着互联网技术的发展，一个地区的政策信息和

---

① 吉柯宇. 公共政策扩散理论及其现实应用研究 [D]. 北京：华北电力大学，2019.

典型经验得以突破地域限制,能够在更广泛的地区、部门之间传播,公共政策扩散的跨区域现象更频繁[①]。

总之,运用公共政策扩散理论对创新驱动府际合作网络的研究,不仅可以充分了解、分析政策之间知识、信息和经验等扩散的现象和规律,同时还能发现不同政策颁布机构之间复杂、微妙的合作与博弈关系,进而构造出面向高质量发展的创新驱动府际合作关系网络。

2.1.3 扎根理论

扎根理论作为一种质性研究方法,其核心在于通过系统的数据收集和分析,从数据中自然生成理论,而不是从已有的理论假设出发进行演绎推理。这种方法论强调在研究过程中,研究者应保持开放的态度,避免过早地形成固定的理论框架或假设,而是通过对数据的不断比较和分析,逐步提炼出概念和理论。扎根理论的这一特点使其特别适用于探索性研究,尤其是在对复杂社会现象进行深入理解时,能够帮助研究者从大量的质性数据中提炼出有价值的理论见解。

在应用扎根理论进行研究时,研究者首先需要明确一个较为笼统的研究问题或研究兴趣,而不是具体的研究假设。这种开放性使得研究者能够在数据收集和分析过程中保持灵活性,根据数据的实际情况调整研究方向和重点。例如,在研究河南省创新驱动发展政策时,研究者可能最初只是对政策的内容要素和府际合作网络的特点感兴趣,但随着数据的不断收集和分析,可能会发现一些意想不到的模式或关系,这些发现将引导研究者进一步深入探讨,最终形成新的理论。

数据收集是扎根理论研究中至关重要的一环。研究者需要通过多种途径收集丰富的数据,包括文献资料、访谈记录、观察笔记等。在数据收集过程中,研究者应坚持边抽样边编码的动态分析方法。这种方法要求研究者在收集数据的同时,对数据进行初步的编码和分析,以便及时发现数据中的模式和关系。

---

① Solo C. S. Innovation in the Capitalist Process: A Critique of the Schumpeterian Theory [J]. The Quarterly Journal of Economics, 1951: 417-428.

通过不断对比，研究者可以逐步提炼出数据中的核心概念，并进一步探讨这些概念之间的关系。编码是扎根理论中的关键步骤，通常包括开放式编码、轴心式编码和选择性编码三个阶段。在开放式编码阶段，研究者需要对数据进行逐行或逐段的细致分析，将数据分解为不同的概念和范畴。这一阶段的编码应尽可能保持开放和灵活，避免过早地将数据归类到已有的理论框架中。在轴心式编码阶段，研究者需要将开放式编码中生成的概念和范畴进行整合，找出它们之间的逻辑关系，并形成初步的理论框架。在选择性编码阶段，研究者则需要进一步提炼和整合理论框架，确定核心范畴，并围绕核心范畴构建完整的理论。

理论抽样是扎根理论中的另一个重要概念。与传统的随机抽样不同，理论抽样强调根据研究进展和理论发展的需要，有目的地选择新的数据样本。这种抽样方法使得研究者能够根据已有的数据分析结果，有针对性地收集新的数据，以验证或修正初步的理论框架。例如，在研究河南省创新驱动发展政策时，如果初步的数据分析显示某些政策要素在府际合作中起到了关键作用，研究者可以通过理论抽样，进一步收集与这些政策要素相关的数据，以验证其重要性并探讨其作用机制。扎根理论的研究过程是一个不断迭代和循环的过程。研究者需要在数据收集、编码、分析和理论抽样之间不断往返，逐步完善和深化理论框架。这一过程要求研究者具备高度的灵活性和反思能力，能够根据数据的实际情况调整研究策略，并在理论构建过程中保持开放的态度。通过这种持续的比较和分析，研究者最终能够从数据中生成一个与实际情况紧密相连的理论。

在应用扎根理论研究河南省创新驱动发展政策时，研究者可以通过对政策文本、政府文件、访谈记录等数据的分析，逐步提炼出政策内容要素和府际合作网络的特点。例如，研究者可能会发现，河南省在创新驱动发展过程中，政府间的合作网络呈现出一定的层级结构和区域差异。通过进一步的数据分析，研究者可以探讨这些结构差异的形成原因及其对政策实施效果的影响。此外，研究者还可以通过理论抽样，收集更多与府际合作相关的数据，以验证和完善初步的理论框架。

扎根理论的优势在于其能够从大量的质性数据中提炼出有价值的理论见解，尤其是在探索性研究中，能够帮助研究者发现新的模式和关系。然而，扎根理论的应用也面临一些挑战。首先，扎根理论的研究过程通常较为耗时，需要研究者投入大量的时间和精力进行数据收集和分析。其次，扎根理论要求研究者具备较高的质性研究能力，能够熟练运用编码和分析技术，并在理论构建过程中保持开放和灵活的态度。此外，扎根理论的研究结果往往具有较强的情境依赖性，其理论框架可能难以直接推广到其他情境中。

尽管如此，扎根理论在政策研究中的应用仍然具有重要的价值。通过对政策内容要素和府际合作网络的深入分析，研究者可以为政策制定者提供有价值的理论依据和实践建议。例如，在河南省创新驱动发展政策的研究中，扎根理论可以帮助研究者识别出政策实施中的关键要素和障碍，并提出相应的政策建议。此外，扎根理论还可以帮助研究者理解府际合作网络的动态演变过程，为优化政府间的合作机制提供理论支持。总之，扎根理论作为一种质性研究方法，强调从数据中自然生成理论，而不是从已有的理论假设出发进行演绎推理。这种方法论在探索性研究中具有重要的应用价值，尤其是在对复杂社会现象进行深入理解时，能够帮助研究者从大量的质性数据中提炼出有价值的理论见解。

在应用扎根理论研究河南省创新驱动发展政策时，可以通过系统的数据收集和分析，逐步提炼出政策内容要素和府际合作网络的特点，并为政策制定者提供有价值的理论依据和实践建议。尽管扎根理论的应用面临一些挑战，但其在政策研究中的潜力仍然不可忽视。通过不断优化研究方法和技术，扎根理论有望在未来的政策研究中发挥更大的作用。基于扎根理论，可以较为科学、有效地对创新驱动发展政策内容要素进行提取、归纳和总结，为梳理出河南省创新驱动府际合作网络的特点及演变规律奠定基础。

2.2 概念界定

2.2.1 创新驱动

竞争战略之父迈克尔·波特（Michael E. Porter）在《国家竞争优势》一

书中首次提出"创新驱动"概念①，其根据国家竞争力的动力为切入点将经济发展分为不断进化的四个阶段，创新驱动发展为其中的第三个阶段。波特认为，创新驱动发展阶段是一个国家经济发展过程中必定经历的阶段，即当要素驱动和投资驱动不能再维持经济增长时，创新将变成经济发展的核心内容。彼得·德鲁克则认为不局限于科学或技术下的多种不同知识的融合对创新起着独特的作用，具体表现为创新赋予资源活力，从而使资源创造出超越自身的价值②，该观点拓宽了对创新的理解。而 Solo 认为创新驱动既包含技术自身突破，也包括技术市场推广与应用，即创新驱动经历"科技成果——商品交易——经济效益"过程。

另外，研究表明创新驱动的战略支撑点主要在于科技创新。创新主体或者参与者通过原创、引进、消化再吸收等方式成为科技创新重要源泉[3][4]。进入高质量发展阶段，以高投资为代表的增长模型日益显现弊端，国际环境错综复杂导致进出口拉动经济增长不再稳定，高污染换取经济增长亟须取缔，实施创新驱动发展战略、构建新发展格局才能突破经济增长原有模式。

总之，创新驱动是一个多维度、综合性的概念，主要指充分发挥创新的动力，将人力资源、知识产权信息等各种因素与经济发展相结合的模式。具备创新能力的区域经历由学习模仿到自主研发，再到人力、技术、机构、制度等多方面进行创新的过程，将会使得创新成为促进经济高质量发展的一种驱动力，从而推动河南省在创新驱动发展战略下实现高质量创新发展。

2.2.2 府际合作

一般来说，府际关系的基本类型包括合作和冲突两种模式，而在全球公共事务日益呈现区域化与复杂化的今天，府际合作比府际冲突更受到人们的关注和强调。府际合作的概念由府际关系演化而来，主要是指公共部门为实现公共

---

① 迈克尔·波特（美）. 国家竞争优势 [M]. 北京：华夏出版社，2007：530-548.
② 彼得·德鲁克（美）. 创新与企业家精神 [M]. 北京：机械工业出版社，2007.
③ Utterback J. M. Innovation in Industry and the Diffusion of Technology [J]. Science, 1974, 183 (4125): 620-626.
④ Edwin, Mansfield, Mark. Imitation Costs and Patents: An Empirical Study [J]. Economic Journal, 91 (364): 19-81.

利益，在适应复杂治理环境过程中对公共资源与政策制定方面所进行的各部门之间的协同治理，解决的是相互之间的关系问题。府际合作理论认为，地方政府会因资源分布问题在某一发展阶段主导寻求合作伙伴。众所周知，资源是稀缺的、有限的并且是具有差异性的，资源的稀缺性和相互依赖激发了地方政府进行资源整合以有效解决区域性问题的动机①，同时由于资源的禀赋的差异性，府际合作能够最大限度发挥区域比较优势②。此外，同质性和异质性也是府际合作的重要合作基础。资源禀赋的差异性固然可以通过深度合作以发挥比较优势，但当合作群体变得高度异质性的时候，比如地方政府没有相似的经济发展历史和公共支出结构，合作协议就不太可能发生，现存的合作协议也越可能导致破裂③。

从传统意义上根据政府间权力配置和利益分配的状况来看，可将这种府际合作广义地概括为政府间在垂直上的纵向关系和水平上的横向关系，彼此交错形成的网状结构。其中，横向府际合作是同一层级的政府部门间的合作关系，通过部门合作使得公共资源配置的类型更加容易转化，方式更加多元；纵向的府际合作则建立在"政策颁布—政策实施"的基础上，依赖政策执行而建立起来的府际关系。

事实上，府际合作可以理解为一种网状的治理结构，府际合作即通过网络结构中各个节点的通力合作，进而促使广泛的合作意识与合作行为的达成。通过加强府际合作的实践运用，将有利于备选政策工具的创制，进而实现府际合作的根本宗旨即实现公共部门之间政策工具的有效提供④。在本书的研究当中，府际合作主要是指政府部门之间的关系，且较为注重省级层面政府中各个部门之间的关系。

---

①④ 何精华. 府际合作治理：生成逻辑、理论涵义与政策工具 [J]. 上海师范大学学报（哲学社会科学版），2011（06）：41-48.

② 程必定. 泛长三角区域合作机制及政府管理创新 [J]. 安徽大学学报（哲学社会科学版），2009（05）：133-138.

③ Kanbur R. Heterogeneity, Distribution, and Cooperation in Common Property Resource Management [J]. The World Development Report, 1992.

2.3 数据采集

2.3.1 研究对象界定与原则

为了深入研究在新发展理念下河南省层面创新驱动府际合作网络特征，全面系统梳理出河南省2012年以来的创新驱动府际合作演变逻辑，课题组在政策样本遴选过程中遵循"区域性、权威性、公开性、有效性、相关性、全面性和唯一性"等原则进行河南省层面政策样本的遴选工作。其中，区域性是指制定政策文件的主体是河南省域内的政府部门，包括省人大、省委、省政府、省直部门等；权威性是指政策文本是由河南省级政府（包括省级各厅局机构）、河南省各地市级政府等河南省层面权威主体颁布制定，最终获取的政策文本均具有完整且明确的发布部门、文件标题、文种、文号、文件内容和发布时间等信息要素；公开性是指选取的政策文本必须以公开发行或出版的方式对外公布，没有公开或无法查阅的政策文件不属于本书的研究范围；有效性是指政策文本是现行有效的，已被废止或失效的政策文本不在选择范围之内；相关性是指那些没有明确标注"创新驱动"但实质内容与创新驱动相关的政策文件仍属于本书研究范围；全面性是指2012年以来所有与创新驱动相关的有效政策，以确保本研究能全面地构建创新驱动政策体系；唯一性是指对获取的政策文本内容进行查重处理，对重复的样本或内容予以删除，保证所得到的样本具有准确性和科学性。

为保障政策选取的全面性和代表性，本书在选择政策样本时遵循以下步骤：首先，选择省级层面的创新驱动政策，即由省人大、省委、省政府、省直部门单独或联合颁布，共收集到政策文本352份；其次，选择各地市政府颁布的创新驱动政策，共收集到政策文本514份。最后，为保证主题的相关性与准确性，考虑到政策收集过程中可能存在的遗漏，利用政策之间的传承与引用关系进一步回溯检索，对所收集到的政策文本进行略读和筛选，剔除政策解读、重复出现的政策文本以及政策类型为函、复函、批复等的政策文本[①]，最终收集到 844 份政策样本。

2.3.2 政策文本分析的变量和编码体系

（1）变量确定与编码表的设计

在政策文本的分析中，要慎重地把握好单词与大段文本的关系。只有采用多方面多角度的分析方法对涉及的单词进行深入研究探讨，才能够充分且全面地挖掘出其蕴含的深意。这种分析探讨一般包括关键词、结构分析、认知地图和词语数量分析等。主要原因在于，定性数据大部分以自由组织文本的形式呈现，而单词作为最基本且有意义的单元组合，其意义只有在大段的文本中才得以体现。

在对政策文本进行系统分析时，必须注意的是要能够通过分析来结构化和整体化地反映出政策的主要方面和基本要素。要实现这个目的就需要严格地按照分析架构选择相应的变量和指标。政策文本分析中的定量部分，对这些变量和指标进行编码是整个文本分析的核心和灵魂，同时也是科学分析得出有效结论的前提。本书首先通过定性分析将政策发布主体进行归类，提取政策区分要素，设计了"河南省创新驱动政策文本结构化编码和分类体系"（见表 2-1）。根据表 2-1，由两位编码人员按照政策文本分析结构化编码和分类体系逐一对政策文本进行信息抽取并独立编码、标注和分类，再统一校对，以确保本书研究的可信度。

表 2-1　河南省创新驱动政策文本结构化编码和分类体系

一级区分要素	二级区分要素
基本信息	政策名称
	发文字号
	发布年份
	政策文种

---

① 杨凯瑞，赵书漫，蔡龙珠. 河南省智慧城市建设客体研究：政策文本量化分析 [J]. 创新科技，2020，20（06）：83-92.

续表

一级区分要素	二级区分要素
政策制定主体	发布单位名称
	单独发布或合作发布（是否为牵头发布部门）
	参与单位数量
	发布单位层级
	发布单位领域
政策内容	政策主题词1
	政策主题词2

（2）编码原则

在对政策文本内容进行编码分类时，遵循了以下四个原则：第一，穷尽原则，要将所有相关的条目都包括在一个编码体系中；第二：互斥原则，各个编码分类在范畴上不重叠；第三：唯一原则，一个条目不允许用两个或以上的编码来代表；第四，独立原则，保证每个编码单元的设定不受其他单元的影响[①]。

[①] 李纲等. 公共政策内容分析方法：理论与应用 [M]. 重庆：重庆大学出版社，2007：4.

3.河南省创新驱动府际合作网络的政府主体结构分析

3. 河南省创新驱动府际合作网络的政府主体结构分析

"碎片化"本指完整的东西被分成诸多零块，现被广泛应用于政治领域、社会领域以及技术领域。希克斯认为"碎片化"是政府部门职、权、责的一种分割状态，具体表现为政府部门内部各类业务间分割，可以将其理解为如果不同职能的部门在面临共同的问题时各自为政，缺乏相互协调、沟通和合作，那么政府的政策目标就无法顺利达成，这就是"碎片化治理"的影响。当前由于"碎片化治理"导致的目标冲突以及实施困难等问题愈发严重，迫切需要一种能使政府部门之间得以有效沟通合作的方法缓解"碎片化治理"带来的问题。在实现创新驱动高质量发展的过程中，"碎片化治理"问题同样存在。因此，深入梳理近年来河南省创新驱动府际合作网络及其协同演化的规律就变得尤为重要。

本书基于河南省各级政府部门于2012—2023年颁布的844份支持创新驱动发展的政策文本，从政策文本分析的视角出发，首先对创新驱动府际合作网络中的政策主体结构进行研究和探讨，并深入分析各个主体在创新驱动府际合作网络过程中的时空分布特点，以厘清各个时期的工作进度及所属层级，摸清创新驱动政策中府际合作网络的主体体系结构，进而客观地展现河南省创新驱动发展的府际合作网络政策主体构成。

3.1 创新驱动府际合作网络的政策主体基本架构

3.1.1 府际合作网络的政策主体的描述统计

本书收集了2012—2023年河南省级层面及各地市政府部门参与发文的涉及创新驱动共计844项政策文本。为了研究河南省创新驱动支持政策的发文主体与政策文本之间的关系，发文单位为单独发文单位或联合发文中的牵头发文单位。依据对政府部门层级的划分，将河南省创新驱动支持政策的发布单位划分成五个层次，具体划分情况如下：

第一层次：中共河南省委、河南省人民代表大会常务委员会、河南省人民政府；

第二层次：中共河南省委、河南省人民政府的专项工作委员会和专项活动领导（指导）小组（如河南省对外开放工作领导小组办公室、河南省人民政府国有资产监督管理委员会、河南省中原城市群建设工作领导小组）；

第三层次：中共河南省委办公厅、河南省人民政府办公厅；

第四层次：河南省财政厅、河南省测绘地理信息局、河南省发展和改革委员会、河南省工商行政管理局、河南省工业和信息化厅、河南省国土资源厅、河南省交通运输厅、河南省教育厅、河南省科学技术厅、河南省粮食局、河南省人力资源和社会保障厅、河南省商务厅、河南省食品药品监督管理局、河南省水利学会、河南省司法厅、河南省通信管理局、河南省卫生健康委员会、河南省知识产权局、河南省住房和城乡建设厅、河南省自然资源厅、中国农业发展银行河南省分行、河南省环境保护厅、河南省农业厅、河南省林业厅、河南省水利厅、河南省民政厅、河南省国家税务局、河南省地方税务局、河南省卫生和计划生育委员会、河南省广播电影电视局、河南省新闻出版广电局、河南省外国专家局、河南省质量技术监督局、河南省气象局、河南省生态环境厅、河南省工商业联合会、河南省市场监督管理局、河南省统计局、河南省地方金融监督管理局、河南省乡村振兴局、中国银行保险监督管理委员会河南监管局、中国保险监督管理委员会河南监管局、中国人民银行郑州中心支行、中国银行业监督管理委员会河南监管局、河南省工业和信息化委员会、河南省人民政府金融服务办公室、河南省社会管理综合治理委员会、共青团河南省委员会、中共河南省委高校工委；

第五层次：安阳市人民政府、鹤壁市人民政府、鹤壁市人大（含常委会）、焦作市人民政府、开封市人民政府、中共开封市委、洛阳市人大（含常委会）、洛阳市人民政府、中共洛阳市委员会、漯河市人民政府、中共漯河市委、南阳市人民政府、平顶山市人民政府、濮阳市人民政府、三门峡市人民政府、商丘市人民政府、中共商丘市委、新乡市人民政府、许昌市人民政府、许昌市人大（含常委会）、郑州市人民政府、中共郑州市委员会、信阳市人民政府、中共信阳市委、周口市人大（含常委会）、周口市人民政府、

3. 河南省创新驱动府际合作网络的政府主体结构分析

驻马店市人民政府。

表 3-1　　河南省创新驱动相关政策的发文主体情况统计　　（单位：份）

发文单位	最早发文时间	单独发文数	牵头联合发文数量	非牵头联合发文数	发文总数
河南省财政厅	2012.08.03	8	7	20	35
河南省测绘地理信息局	2015.11.16	1	0	0	1
河南省对外开放工作领导小组办公室	2023.02.25	1	0	0	1
河南省发展和改革委员会	2013.11.26	8	0	18	26
河南省工商行政管理局	2012.07.05	2	1	1	4
河南省工业和信息化厅	2013.05.08	3	0	7	10
河南省工业和信息化委员会	2015.05.16	2	1	7	10
河南省国土资源厅	2013.06.05	5	0	3	8
河南省交通运输厅	2012.06.26	15	0	2	17
河南省教育厅	2012.10.30	60	9	6	75
河南省科学技术厅	2014.07.08	66	15	12	93
河南省粮食局	2013.07.10	1	1	0	2
河南省人大（含常委会）	2019.09.27	6	0	0	6
河南省人力资源和社会保障厅	2012.07.10	7	3	5	15
河南省人民政府	2012.06.12	75	0	10	85
河南省人民政府国有资产监督管理委员会	2020.05.15	1	0	0	1
河南省人民政府金融服务办公室	2014.10.14	1	0	1	2
河南省商务厅	2016.10.28	1	1	1	3
河南省食品药品监督管理局	2014.01.02	1	0	0	1
河南省水利学会	2021.12.21	3	0	0	3
河南省司法厅	2016.07.29	1	0	0	1
河南省通信管理局	2012.05.02	7	3	0	10
河南省卫生健康委员会	2020.06.16	3	0	0	3

续表

发文单位	最早发文时间	单独发文数	牵头联合发文数量	非牵头联合发文数	发文总数
河南省知识产权局	2015.05.18	2	0	0	2
河南省中原城市群建设工作领导小组	2019.10.08	2	0	0	2
河南省住房和城乡建设厅	2015.06.05	1	0	11	12
河南省自然资源厅	2020.08.28	2	0	0	2
中国农业发展银行河南省分行	2013.07.10	0	0	1	1
河南省环境保护厅	2013.06.08	0	0	6	6
河南省农业厅	2014.08.13	0	0	5	5
河南省林业厅	2014.05.13	0	0	1	1
河南省水利厅	2014.12.19	0	1	0	1
河南省民政厅	2014.12.19	0	0	2	2
中共河南省委	2014.07.18	0	11	3	14
河南省国家税务局	2013.06.08	0	0	4	4
河南省地方税务局	2013.06.08	0	0	3	3
中共河南省委组织部	2014.06.13	0	1	1	2
中共河南省委宣传部	2014.06.13	0	0	1	1
河南省卫生和计划生育委员会	2014.06.10	0	0	2	2
河南省广播电影电视局	2014.06.10	0	0	1	1
河南省社会管理综合治理委员会	2014.07.18	0	0	1	1
中国保险监督管理委员会河南监管局	2015.05	0	0	1	1
中国人民银行郑州中心支行	2015.11.13	0	0	2	2
中国银行业监督管理委员会河南监管局	2015.11.13	0	0	1	1
共青团河南省委员会	2015.12.28	0	0	1	1
河南省新闻出版广电局	2015.06.05	0	0	1	1
河南省外国专家局	2016.06.29	0	0	1	1

3. 河南省创新驱动府际合作网络的政府主体结构分析

续表

发文单位	最早发文时间	单独发文数	牵头联合发文数量	非牵头联合发文数	发文总数
河南省质量技术监督局	2016.10.28	0	0	1	1
河南省气象局	2016.12.30	0	0	1	1
中共河南省委高校工委	2016.06.16	0	1	0	1
河南省生态环境厅	2018.12.29	0	0	5	5
河南省工商业联合会	2018.08.20	0	0	1	1
河南省市场监督管理局	2020.09.21	0	0	1	1
河南省统计局	2020.09.21	0	0	1	1
河南省地方金融监督管理局	2020.09.21	0	0	2	2
河南省乡村振兴局	2021.12.20	0	0	1	1
中国银行保险监督管理委员会河南监管局	2022	0	1	0	1
安阳市人民政府	2012.04.28	64	0	0	64
鹤壁市人民政府	2013.01.21	24	1	0	25
鹤壁市人大（含常委会）	2021.06.23	1	0	0	1
焦作市人民政府	2012.04.18	30	0	0	30
开封市人民政府	2012.03.30	24	1	0	25
中共开封市委	2013.03.05	0	0	1	1
洛阳市人大（含常委会）	2019.08.19	1	0	0	1
洛阳市人民政府	2012.09.27	21	1	2	24
中共洛阳市委员会	2021.01.14	1	2	0	3
漯河市人民政府	2012.01.18	26	0	0	26
中共漯河市委	2020.12.31	1	0	0	1
南阳市人民政府	2012.06.21	32	0	0	32
平顶山市人民政府	2012.04.01	32	0	0	32
濮阳市人民政府	2012.05.11	32	0	0	32
三门峡市人民政府	2014.04.29	4	0	0	4

续表

发文单位	最早发文时间	单独发文数	牵头联合发文数量	非牵头联合发文数	发文总数
商丘市人民政府	2013.03.01	20	0	1	21
中共商丘市委	2013.03.01	1	1	0	2
新乡市人民政府	2012.04.23	42	1	0	43
许昌市人民政府	2012.10.23	49	0	0	49
许昌市人大（含常委会）	2021.10.28	1	0	0	1
郑州市人民政府	2012.08.01	21	0	0	21
中共郑州市委员会	2021.01.06	1	0	0	1
信阳市人民政府	2013.02.16	14	0	0	14
中共信阳市委	2021.01.10	1	0	0	1
周口市人大（含常委会）	2016.04.19	1	0	0	1
周口市人民政府	2013.06.13	26	0	0	26
驻马店市人民政府	2018.04.04	32	0	0	32

由表 3-1 可知，共有 84 个河南省级层面政府部门和各地市市委市政府参与发布了 844 个河南省创新驱动相关的政策文本。在省级层面中，河南省科学技术厅发文总数最多，共有 92 份；单独发文数最多的是河南省科学技术厅，发文量为 66 份。牵头联合发文数最多的是河南省科学技术厅，非牵头联合发文数最多的是河南省财政厅。各地级市市委市政府总共发文 514 份。河南省科学技术厅、河南省人民政府与河南省各地市市委市政府总共发文 693 份，占比达 68.55%，由此说明河南省科学技术厅和河南省人民政府以及各地市高度重视创新驱动，而其他部门则需要加强对创新驱动的政策支持。

3.1.2 府际合作网络的政策主体的体系架构

根据对样本中参与发文单位的部门统计，以及上文所描述的层级统计，并结合实际情况可知，各个单位和部门发布的创新驱动相关政策共同构建了河南省省级层面创新驱动府际合作网络的政策主体体系的基本框架，见图 3-1。

3. 河南省创新驱动府际合作网络的政府主体结构分析

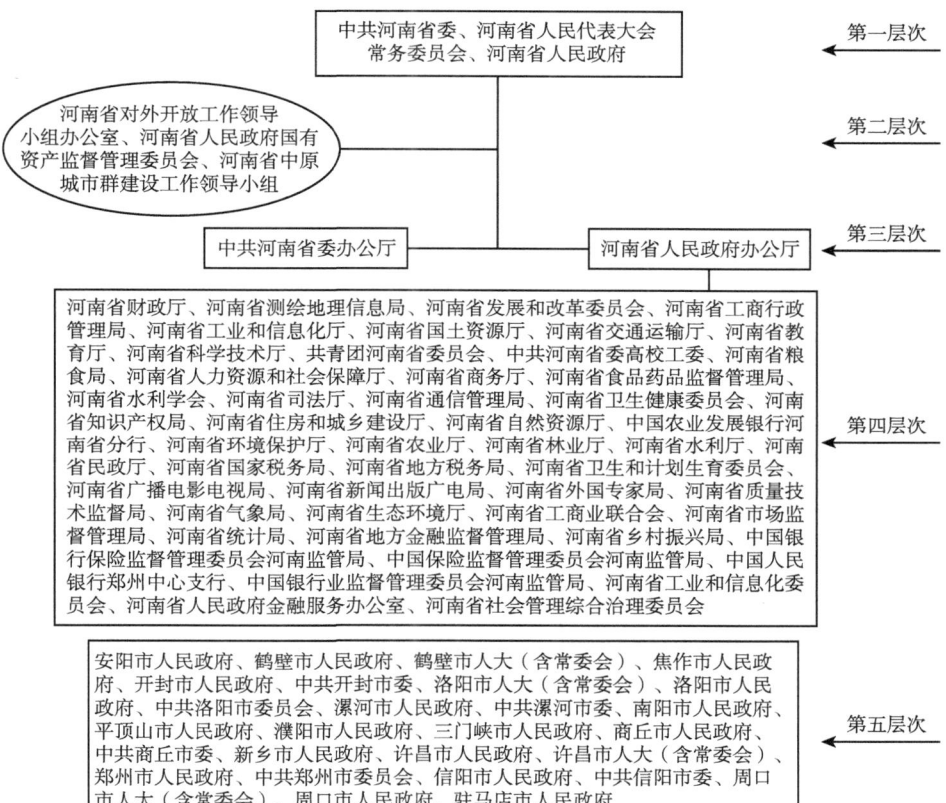

图 3-1 河南省创新驱动府际合作网络中政策主体的体系结构图

3.2 创新驱动府际合作网络的政策主体的空间分布情况

河南省创新驱动相关政策发布主体分布范围广泛，府际合作网络关系错综复杂。为了进一步探究各层次、各领域主体在创新驱动建设中的参与情况；如何构建府际合作网络；主体所属的层次和领域是否存在交互关系；主体在政策当中的协作关系如何。本节综合运用 Ucinet6 等统计工具，从空间维度揭示河南省创新驱动建设主体间的力量分布和相互关系。

3.2.1 府际合作网络的政策主体的层次分布

表 3-2 各个层次的创新驱动府际合作网络政策主体发文数量统计 （单位：份）

层次	第一层次	第二层次	第三层次	第四层次	第五层次	合计
发文数量	92	4	1	243	504	844
发文数量占比	10.90%	0.47%	0.12%	28.79%	59.72%	100.00%
最早发文时间	2012.06.12	2019.10.08	2021.12.20	2012.03.26	2012.01.18	

由表 3-2 可知：

（1）在省级层面，河南省创新驱动政策最早是由河南省人民政府制定的，在此之前也有个别地级市政府制定相关政策，但在河南省人民政府相关政策出台后各个层次的政府部门及时跟进，特别是第四层次的河南省交通运输厅，以及第五层次各地级市市委市政府，在极短时间内迅速发起响应，最终形成了自上而下的创新驱动政策支持体系，这也符合目前河南省的行政管理特点以及推进创新驱动发展的实际进程。

（2）属于第一层次、第四层次和第五层次的发文单位是河南省创新驱动政策支持的主要生力军。第一层次、第四层次和第五层次的发文占比高达99.41%，而位于第二层次和第三层次的发文占比仅为0.59%，造成上述情况的原因为，针对创新驱动的支持来讲，负责具体执行的单位和部门制定的政策数量多而具体，这符合创新驱动的实际逻辑。

（3）相比于其他部门和层次，第二、第三层次的主体响应创新驱动的时间较长，且在创新驱动政策支持活动中的参与度低。这可能是由于河南省政府的专项工作委员会和专项活动领导小组的工作具有强烈的针对性，创新驱动政策支持并未纳入其工作范围内，导致第二层次的建设主体参与程度低。第三层次所包含的单位和部门较少，因此其发文数量也相对较少。

3.2.2 府际合作网络的政策主体的领域分布

根据河南省政府各个职能部门分管情况以及社会管理的实际情况，可以将治理主体划分为以下八个领域：经济金融、农林民政、科教文卫体、工信交

3. 河南省创新驱动府际合作网络的政府主体结构分析

通、综合事务、资源保护、法治监管以及党群工作。按照所属领域进行划分和标记,具体情况如表3-3所示。

表3-3　创新驱动府际合作网络中政策主体领域分布情况

序号	领域 (主体数量)	建设主体	发文数量 (MD_1)
1	经济金融 (16)	河南省财政厅、河南省工商行政管理局、河南省人民政府国有资产监督管理委员会、河南省人民政府金融服务办公室、河南省商务厅、中国农业发展银行河南省分行、河南省国家税务局、河南省地方税务局、中国保险监督管理委员会河南监管局、中国人民银行郑州中心支行、中国银行业监督管理委员会河南监管局、河南省工商业联合会、河南省住房和城乡建设厅、河南省统计局、河南省地方金融监督管理局、中国银行保险监督管理委员会河南监管局	24 (1.5)
2	农林民政 (10)	河南省粮食局、河南省人力资源和社会保障厅、河南省水利学会、河南省农业厅、河南省林业厅、河南省国土资源厅、河南省水利厅、河南省民政厅、河南省气象局、河南省乡村振兴局	21 (2.1)
3	教科文卫体 (10)	河南省教育厅、河南省科学技术厅、河南省卫生健康委员会、河南省知识产权局、河南省卫生和计划生育委员会、河南省广播电影电视局、河南省新闻出版广电局、河南省外国专家局、中共河南省委高校工委、河南省食品药品监督管理局	156 (15.6)
4	工信交通 (4)	河南省工业和信息化厅、河南省工业和信息化委员会、河南省交通运输厅、河南省通信管理局	31 (7.75)
5	综合事务 (35)	河南省发展和改革委员会、河南省人大(含常委会)、河南省人民政府、中共河南省委、共青团河南省委员会、河南省社会管理综合治理委员会、河南省对外开放工作领导小组办公室、河南省中原城市群建设工作领导小组安阳市人民政府、鹤壁市人民政府、鹤壁市人大(含常委会)、焦作市人民政府、开封市人民政府、中共开封市委、洛阳市人大(含常委会)、洛阳市人民政府、中共洛阳市委员会、漯河市人民政府、中共漯河市委、南阳市人民政府、平顶山市人民政府、濮阳市人民政府、三门峡市人民政府、商丘市人民政府、中共商丘市委、新乡市人民政府、许昌市人民政府、许昌市人大(含常委会)、郑州市人民政府、中共郑州市委员会、信阳市人民政府、中共信阳市委、周口市人大(含常委会)、周口市人民政府、驻马店市人民政府	612 (17.49)
6	资源保护 (4)	河南省测绘地理信息局、河南省自然资源厅、河南省环境保护厅、河南省生态环境厅	3 (0.75)
7	法治监管 (3)	河南省司法厅、河南省市场监督管理局、河南省质量技术监督局	1 (0.33)
8	党群工作 (2)	中共河南省委组织部、中共河南省委宣传部	1 (0.5)

注:MD_1为每个领域主体的平均发文数量。

由表 3-3 可知，从发文数量的绝对值可以看出，综合事务（612 份）为发文数量最多的领域，其次是科教文卫体（156 份），最少的领域为法治监管（1 份）和党群工作（1 份）。从发文数量的相对值（MD_1）而言，综合事务（MD_1 = 17.49）为最高的领域，其次是科教文卫体（MD_1 = 15.6），法治监管（MD_1 = 0.33）相对发文数量最少，与发文数量的分布情况基本一致。

综上所述，河南省创新驱动府际合作网络的政策主体主要分布于综合事务领域，其次分别是科教文卫体、经济金融和工信交通领域，但较少涉及法治监管和党群工作领域，需要在这些领域进一步加大对创新驱动的关注和重视程度，以充分发挥司法监管对创新驱动的法律保障，实现各领域创新驱动的相互影响，构建更加完善的创新驱动政策体系。

3.2.3 府际合作网络的政策主体的协作研究

由于创新驱动发展涉及方方面面，创新驱动政策支持工作往往需要各个主体相互配合、合作进行。由表 3-1 可知，在 844 个河南省创新驱动发展相关政策中，由一个主体单独发文的数量为 787 份，占到总样本的 92.70%，剩余 62 个政策文本是由两个或两个以上的发文主体联合发布的，其中联合发文的主体数量统计情况见图 3-2。

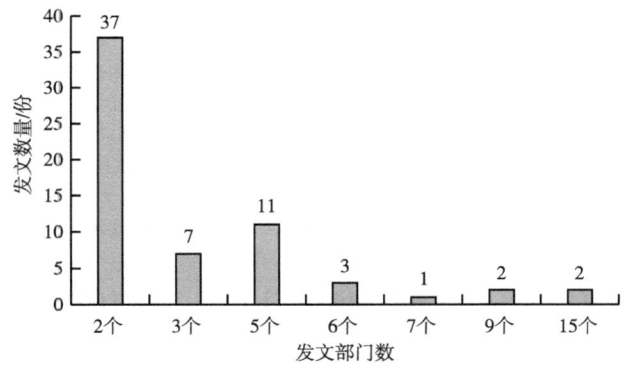

图 3-2 联合发文主体数量与发文数量统计

由图 3-2 可知，联合发文的政策主体当中，以 2 个主体共同发文的发文数量最多，达 37 份，占联合发文总数的 58.06%；其次为 5 个主体，联合发文数量

3. 河南省创新驱动府际合作网络的政府主体结构分析

为 11 份，占联合发文总数的 17.74%；再次为 3 个主体，联合发文数量为 7 份，占联合发文总数的 11.29%；剩余主体联合发文数量合计为 8 份，占比 12.90%。同一个创新驱动相关政策联合发文主体数量最多达到 15 个，虽然联合发文数量仅为 2 份，但这有力说明了创新驱动的推进需要多领域以及多主体的通力合作。

运用社会网络分析软件 Ucinet6，对联合发文主体之间的社会网络关系进行了分析。图 3-3 中，蓝色结点代表了每个治理主体，带箭头的连线表示协作治理社会网络中不同主体间的合作关系及主导方向。由图 3-3 可得出治理主体之间的点度中心度、网络密度和合作紧密程度结果。

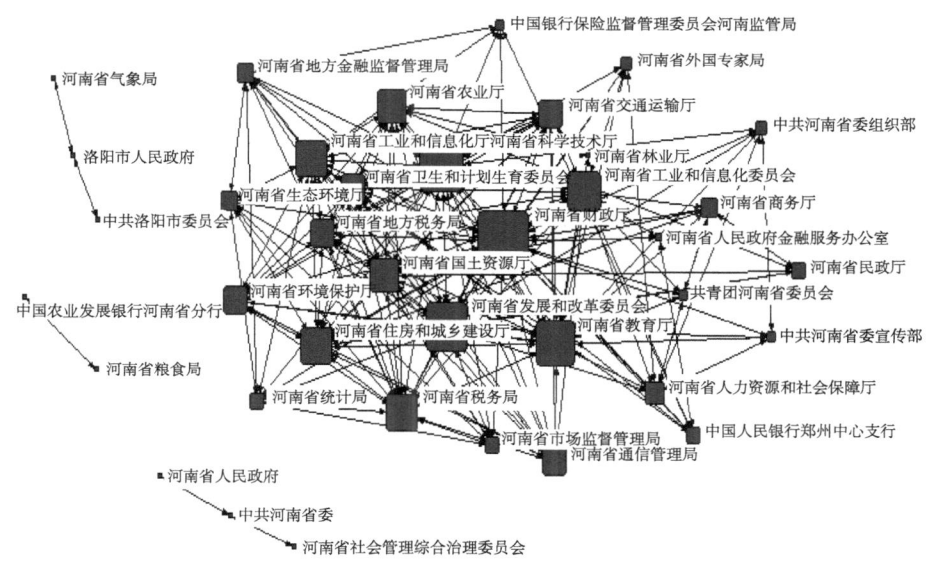

图 3-3 河南省创新驱动治理主体的协作治理关系

（1）点度中心度

社会网络分析各个主体的"权力"通过不同主体之间的"关系"体现，假如一个主体与其他的主体之间有直接关联，那么就可以说该主体处于中心地位，就意味着该主体拥有较大的权力。点度中心度是在网络分析中刻画节点中心性的最直接度量标准，与该点有直接关系的点的数目越大，即点度中心度越大，那么它的中心地位就会越重要。点度中心度可以直观表现为节点的大小，节点越大，点度中心度越大，这也意味着和其他主体合作次数越多，该节点在网络中就越重要。如图 3-3 所示,在河南省创新驱动发展的合作建设中,河南省财政厅、河南省科学技术厅、河南省发展和改革委员会、河南省工业和信息化厅以及河南省教育厅等都处于创新驱动发展建设的核心地位,是建设创新驱动合作网络的核心。

(2) 网络密度

在社会网络分析当中,建设主体之间的总体联系情况的概括性描述为密度,它是为了测量合作网络中主体之间的关联强度。协作建设社会网络中节点主体间的联系越广,代表网络密度也就越大,那么整个联系网络和其他节点主体对该主体的约束就越大、整体趋同性也就越大、集体行动的倾向性也就更为明显。创新驱动协作治理网络的密度平均为 1.16,说明平均一对主体之间曾进行过 1.16 次的合作行为,整体网络密度较低,说明在创新驱动的协作治理网络中,各政策主体的关联程度不高,仍需进一步加强。

(3) 合作紧密程度

总体看来,在创新驱动协作治理过程中,各个主体之间的合作配合并不少,平均每一对主体之间都进行过合作,但是有些主体游离于网络外侧,呈现出小规模合作的特征,如河南省粮食局、中国农业发展银行河南省分行等。造成这种情况的原因有两个,一是主体针对创新创业政策发文较少,并未积极响应号召,如河南省粮食局仅发文两份;二是主体发文次数多,但单独发文占比大,与其他主体联合发文数少,如河南省人民政府,发文总数为 85 份,单独发文为 75 份,占比高达 88.24%。当前河南省创新驱动发展合作网络为非闭合网络,存在一定的弊端,仍需进一步完善。

随着经济社会不断发展,国家越来越重视创新驱动在经济转型以及社会转型中发挥的作用,为了推动创新驱动发展,我国大力实施创新驱动发展战略,河南省积极响应国家号召,各个部门纷纷出台相关政策。从当前协作治理的情况来看,科学技术厅、财政厅、教育厅、工信厅以及发展改革委员会等部门保持着高频率、多协作的合作关系,其他领域和部门的合作仍需进一步加强。创新驱动发展战略是一项综合性任务,想要进一步推动创新驱动发展战略,促进创新驱动在经济转型中的有效实施,就需要加强各领域各主体之间的协作配合,构建合理的府际合作网络体系。

3.3 创新驱动府际合作网络的政策主体的时间分布

河南省创新驱动政策支持是一个长期的过程。本节分三个层次研究各个主体关于创新驱动政策的时间分布情况。第一层次是宏观角度来研究政策主体数量的年度分布，第二层次研究中观层面的领域和发文主体层次的年度分布，第三层次研究微观层面的主要支持主体政策制定和颁布情况。

3.3.1 府际合作网络的政策主体总量的年度分布

图3-4是2012—2023年河南省参与出台创新驱动政策的年度发文数量主体数与年度发文数量统计。由图可知，发文数量与发文主体数量趋势基本保持一致，且具有阶段性特征。其中2014年、2015年与2016年年度发文主体数量最多，分别为42个、41个与39个，其中由于2014年联合发文数较多，因此发文主体数多而发文数量较少，2015年与2016年的发文数量也达到最多为134个与124个，此后在2017年二者均呈回落趋势。

根据政策创新和扩散理论，创新扩散的过程类似"S"形曲线：在传播初期，采用者很少，扩散进程缓慢（相当于本书中的2012—2013年）；但是当采用者人数达到总体居民人数的10%—25%时（相当于参与建设主体数量占国家层面政策主体的数量比例），扩散的进度突然加快，曲线迅速上升并保持增长态势（相当于2014年与2015年，创新驱动政策处于扩散阶段）；在接近饱和时，扩散进展将会变得缓慢（相当于2016年之后）。总体来看，河南省关于创新驱动政策的发文主体数和发文数量在2015年达到顶峰，之后开始慢慢回落，从2020年开始又慢慢上升。

由图3-4可知，河南省创新驱动相关政策从2020年以来又进入上升趋势，还未达到饱和状态，目前仍处于扩散阶段。近年来，河南省创新驱动发展取得了显著成效，创新驱动对产业升级、社会发展的引领作用明显增强，但和发达地区相比，仍存在着资金投入不足、人才开发不够、体制机制不活等问题，不仅要总结发现创新驱动取得的丰硕成果，更要关注其中的不足，这就要求河南省各政策主体在加强创新驱动政策支持力度的同时，还要做好政策落实工作，促进各主体之间的协调合作，加快创新驱动发展政策的贯彻落实，促进创新驱动政策的扩散，进而推动河南省高质量发展。

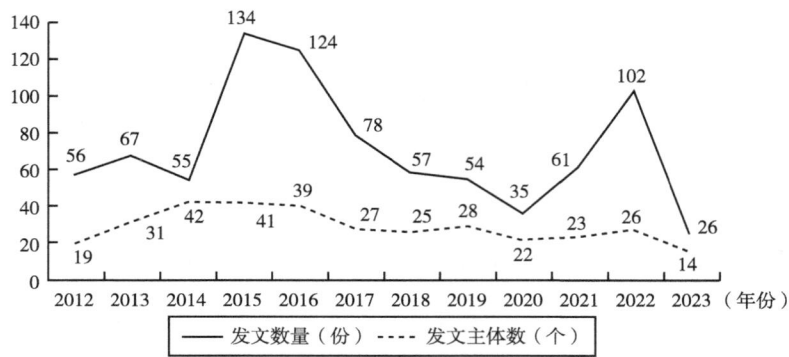

图3-4　2012—2023年参与出台创新驱动发展政策的年度发文主体数与年度发文数

3.3.2　府际合作网络的政策主体年度出台政策数量分布

表3-4　　　　　　各个层次主体出台政策的数量与权重

年份	第一层次 (R,%)	第二层次 (R,%)	第三层次 (R,%)	第四层次 (R,%)	第五层次 (R,%)	SD_Y
2012	4 (7, 4.35)	0 (4, 0)	0 (2, 0)	10 (12, 4.12)	42 (5, 8.25)	15.83
2013	4 (7, 4.35)	0 (4, 0)	0 (2, 0)	17 (8, 7)	46 (4, 9.04)	17.45
2014	4 (7, 4.35)	0 (4, 0)	0 (2, 0)	13 (10, 5.35)	38 (7, 7.47)	14.31
2015	11 (4, 11.96)	0 (4, 0)	0 (2, 0)	24 (5, 9.88)	99 (1, 19.45)	37.17
2016	20 (1, 21.74)	0 (4, 0)	0 (2, 0)	25 (3, 10.29)	79 (2, 15.52)	28.95

3. 河南省创新驱动府际合作网络的政府主体结构分析

续表

年份	第一层次 （R,%）	第二层次 （R,%）	第三层次 （R,%）	第四层次 （R,%）	第五层次 （R,%）	SD_Y
2017	11 (4, 11.96)	0 (4, 0)	0 (2, 0)	27 (2, 11.11)	40 (6, 7.86)	15.70
2018	3 (10, 3.26)	0 (4, 0)	0 (2, 0)	28 (1, 11.52)	26 (8, 5.11)	12.80
2019	5 (6, 5.43)	2 (1, 50)	0 (2, 0)	24 (5, 9.88)	23 (9, 4.52)	10.50
2020	1 (12, 1.09)	1 (2, 25)	0 (2, 0)	25 (3, 10.29)	8 (12, 1.57)	9.44
2021	15 (2, 16.30)	0 (4, 0)	1 (1, 100)	23 (7, 9.47)	22 (10, 4.32)	9.95
2022	12 (3, 13.04)	0 (4, 0)	0 (2, 0)	15 (9, 6.17)	75 (3, 14.73)	27.98
2023	2 (11, 2.17)	1 (2, 25)	0 (2, 0)	12 (11, 4.94)	11 (11, 2.16)	5.19
MD_h	7.67	0.33	0.08	20.25	42.42	
SD_h	5.72	0.62	0.28	6.13	27.20	

注：MD_h 为某个层次主体的平均发文数量，SD_h 为某个层次主体发文数量的标准差；SD_Y 为每个年度的发文数量标准差。

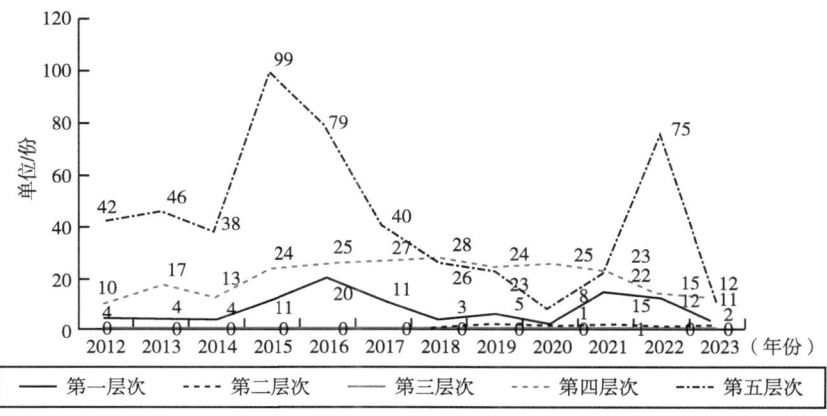

图 3-5 不同层次政策主体出台政策数量

根据表 3-4 和图 3-5 可以得到以下三个结果：

（1）各层次政策主体的发文数量分布存在阶段式特征。其中第一层次、第四层次和第五层次的阶段式特征比较明显，第二层次和第三层次因发文数量较少，阶段式特征不太明显。此外，还发现 2014 年以后各个层次发文数量明显增多，其中第一层主体发文数量最多的年份为 2016 年，第四层次主体发文数量最多的年份为 2018 年，第五层次主体发文数量最多的年份为 2015 年。从图 3-5 中可以看出第一层次、第二层次与第三层次发文数量的变化趋势基本一致，也印证了我省创新驱动发展建设自上而下的贯彻逻辑。同时可以观察到第一层次政策主体的发文数量相对来说较少，需要加快相关政策的制定和完善。

（2）在研究时间区间内，2012—2023 年每个年度发文数量的离散程度（SD_Y）都比较大，并在 2015 年的时候达到了最大值（$SD_Y = 37.17$），其次是 2016 年（$SD_Y = 28.95$），这主要是因为在这个时间段内第四、第五层次的主体数量众多，且都开始关注创新驱动发展，而第二层次和第三层次主体数量较少，容易与其他层次的政策主体在发文数量上形成较大的差距。

（3）从发文总量和年平均发文数量（MD_h）方面来看，第四层次和第五层次主体在各个年度的发文数量都明显高于其他层次的主体。第四层次大多为负责具体执行的单位和部门，其制定多个相关政策文本，与公共事务管理的实际逻辑基本相符。第五层次为各地级市市委、市政府，主体数量较多发文数量也最多，并且其发文数量的标准差（SD_h）也是最大的，说明该层次主体的创新驱动发展建设行为不是一个持续关注的过程，其创新驱动发展建设工作随外部环境的变化呈现出治理强度的大小变化。

3.3.3 府际合作网络的各个领域政策主体年度出台政策数量分布

表 3-5　　　　2012—2023 年各个领域主体出台政策的数量　　　　（单位：份）

年份	经济金融	农林民政	科教文卫体	工信交通	综合事务	资源保护	法治监管	党群工作	MD_{y1}	SD_{y1}	合计
2012	2	2	1	5	46	0	0	0	7.00	14.82	56
2013	1	4	7	5	50	0	0	0	8.38	15.93	67
2014	2	1	7	2	43	0	0	0	6.88	13.82	55

续表

年份	经济金融	农林民政	科教文卫体	工信交通	综合事务	资源保护	法治监管	党群工作	MD_{y1}	SD_{y1}	合计
2015	2	2	9	10	110	1	0	0	16.75	35.44	134
2016	3	5	10	2	103	0	1	0	15.50	33.22	124
2017	0	2	23	1	52	0	0	0	9.75	17.60	78
2018	0	0	25	3	29	0	0	0	7.13	11.56	57
2019	1	0	21	1	31	0	0	0	6.75	11.40	54
2020	5	0	19	0	9	2	0	0	4.38	6.30	35
2021	7	2	14	0	37	0	0	1	7.63	12.01	61
2022	1	1	12	0	88	0	0	0	12.75	28.70	102
2023	0	2	8	2	14	0	0	0	3.25	4.79	26
MD_a	2.00	1.75	13.00	2.58	51.00	0.25	0.08	0.08			
SD_a	2.13	1.54	7.46	2.91	32.83	0.62	0.29	0.29			
合计	24	21	156	31	612	3	1	1			

注：MD_a 为某个领域政策主体的年平均发文数量；SD_a 为某个领域主体发文数量的标准差；MD_{y1} 为每个年度的发文平均数，SD_{y1} 为每个年度的发文数量标准差。

由表 3-5 可得以下结论：

（1）各个领域政策主体的发文数量是阶段性的，结论与各个层次的时间分布情况基本保持一致。除去扩散速度缓慢的阶段，各领域的发文数量从 2015 年开始有显著增长的趋势，其中综合事务领域发布的创新驱动相关政策最多（612 份），其次是教科文卫体领域（156 份），总体发文数量也是在 2015 年达到高峰，并于 2017 开始回落，呈现阶段性的特点。

（2）各领域每个年度的平均发文数（MD_{y1}）越大，表明这一年的发文数量越多。由于标准差是反映数据离散程度的，在年平均发文数相近时，发文数量的标准差（SD_{y1}）越大，说明领域内各个主体出台的政策数量差异越大。可以看到年度平均发文数量也具有阶段性特征，并且标准差在 2015 年度最大，说明 2015 年度各个领域发文数量差异最大。SD_a 和 MD_a 中最大的都是综合事务，说明该领域发文数量及每年的发文数量差异最大。在样本区间的年平均发文数量（MD_a）相近的领域，其领域发文数量标准差（SD_a）也较为相近，说明这些领域各个年份出台的政策数量波动不大。

3.3.4　府际合作网络的政策主体的年度数量分布

由于政策发文主体数量较多，本书对河南省内创新驱动相关政策发文数量最多的20个主体进行了年度政策发布情况分析。这20个治理主体合计发文数量占总样本的90%以上，具有充分的代表性。具体情况如表3-6所示。

（1）单个年份发文频数：单个年份发文频数最高的三个单位分别是河南省科学技术厅（2016年，20份），河南省人民政府（2018年，18份），安阳市人民政府（2015年，17份）。

（2）发文年数：在本书研究时间区间2012—2023年这12年中，发文年数最多的是河南省人民政府和安阳市人民政府，在每个年度都发布了创新驱动的相关政策；发文最少的是漯河市人民政府，只在其中6个年份区间发布了创新驱动政策。

（3）发文时间：由表3-6可以观察到，在发文数量前20的主体中，除河南省科学技术厅、周口市人民政府、河南省发展和改革委员会、鹤壁市人民政府以及商丘市人民政府外，其他发文主体都于2012年开始发布创新驱动相关政策。河南省科学技术厅在2014年才开始进行创新驱动政策的制定，但其发文数量最多，说明河南省科学技术厅在响应创新驱动政策后，对其高度重视。

（4）MD_i与SD_i：在年平均出台政策数量方面，河南省科学技术厅（$MD_i = 7.75$）、河南省人民政府（$MD_i = 7.08$）和河南省教育厅（$MD_i = 6.25$）是出台最多的三个主体。平均出台政策数量最少的是郑州市人民政府（$MD_i = 1.75$）和商丘市人民政府（$MD_i = 1.75$），二者在各年份出台创新驱动相关政策普遍较少。同时，河南省人民政府（$SD_i = 5.77$）和河南省科学技术厅（$SD_i = 5.72$）是发文离散值最高的两个主体，两者都对创新驱动发展战略高度重视，也是所有发文主体中发文数量前两位的单位，发文的离散程度较为接近，其发文离散程度大是由于都在个别年份发文数量突然增长。发文离散程度最低的是商丘市人民政府（$SD_i = 1.48$），因为其各年份发文数量较为平均。

（5）SD_{y2}：各个年份发文数量离散程度的差异性较大，SD_{y2}值在2021年达到最大值（$SD_{y2} = 4.15$）。结合各个主体发文数量可知，在2021年有个别主体没有发布创新驱动相关的政策文件，说明不同政策主体对创新驱动发展情况的重视程度不同，这导致了2021年发文离散程度大。

3. 河南省创新驱动府际合作网络的政府主体结构分析

表 3-6 2012—2023 年主要创新驱动治理主体发文时间与发文数量统计

（单位：份）

	2012年	2013年	2014年	2015年	2016年	2017年	2018年	2019年	2020年	2021年	2022年	2023年	MD_i	SD_i
河南省科学技术厅	0	1	2	3	4	15	18	12	11	12	10	5	7.75	5.72
河南省人民政府	4	4	3	11	20	11	3	4	0	15	8	2	7.08	5.77
河南省教育厅	1	9	6	6	9	8	8	9	7	6	3	3	6.25	2.55
安阳市人民政府	5	7	3	10	12	8	3	0	0	3	13	0	5.33	4.44
许昌市人民政府	1	2	3	17	6	1	2	2	2	3	6	4	4.08	4.21
新乡市人民政府	3	1	4	7	8	2	2	3	0	3	10	2	3.58	2.98
河南省财政厅	1	3	3	4	2	1	3	3	5	8	2	0	2.92	2.02
南阳市人民政府	3	6	1	4	3	3	3	1	0	3	5	0	2.67	1.80
平顶山市人民政府	7	1	4	7	5	4	1	1	0	0	1	1	2.67	2.49
濮阳市人民政府	3	5	5	7	5	2	3	3	0	2	1	0	2.67	2.21
驻马店市人民政府	0	0	1	5	8	2	2	1	1	1	8	0	2.50	2.78
焦作市人民政府	4	3	2	2	3	6	3	4	2	0	5	0	2.17	1.80
河南省发展和改革委员会	0	2	4	1	7	3	2	1	0	1	0	0	2.17	1.99
漯河市人民政府	7	7	3	4	4	3	1	3	3	0	0	0	2.17	2.64
周口市人民政府	3	1	2	10	2	2	1	2	0	0	2	0	2.17	2.54
鹤壁市人民政府	0	4	1	7	2	2	3	3	3	0	3	0	2.08	2.02
开封市人民政府	3	4	2	5	6	2	0	2	0	0	0	1	2.08	1.98
洛阳市人民政府	1	1	0	0	5	3	2	1	0	1	8	1	2.00	2.27
郑州市人民政府	2	0	0	2	4	0	0	2	0	0	9	1	1.75	2.49
商丘市人民政府	0	1	2	5	4	1	1	2	0	0	3	1	1.75	1.48
SD_{y2}	2.15	2.53	1.53	3.86	4.09	3.75	3.85	2.87	2.82	4.15	3.78	1.43		

注：MD_i 为各主体年平均发文数量，以各主体发文年数为基准计算；SD_i 为各个主体发文数量标准差，SD_{y2} 为各个年份发文数量标准差。

3.4 本章小结

河南省创新驱动府际合作网络的政策主体结构呈现出多层级、多领域的复杂特征,这种结构特征既反映了当前创新治理体系的基本格局,也揭示了政策协同面临的深层次挑战。通过对 2012—2023 年 844 份政策文本进行系统分析,研究发现政策主体在纵向层级上形成了五个明显的梯度分布。第一层级的省委、省人大和省政府作为最高决策机构,虽然发文数量占比仅为 10.9%,但承担着战略规划和政策统筹的关键职能,其 2012 年 6 月出台的《关于实施创新驱动发展战略的若干意见》为全省创新工作提供了顶层设计。第四层级的省直部门和第五层级的地市政府构成了政策执行的中坚力量,分别贡献了 28.79% 和 59.72% 的政策产出,其中科技厅、财政厅和郑州市等主体的活跃度尤为突出。值得注意的是,第二层级的专项工作委员会和第三层级的党政办公厅参与度明显偏低,发文占比合计不足 0.6%,这种结构性缺失反映出创新驱动工作在专项治理体系中的定位尚不明确,可能导致重大创新项目的跨部门协调面临困难。

从领域维度来看,政策主体的分布呈现出显著的不均衡特征。综合事务领域的政策主体最为活跃,发文量占比高达 72.5%,这类主体主要包括各级政府及其综合管理部门,其广泛参与体现了创新驱动作为全局性战略的重要地位。科教文卫体领域以 18.5% 的占比位居第二,其中科技厅和教育厅的表现尤为突出,反映出教育和科技资源在创新驱动中的基础性作用。相比之下,法治监管和党群工作领域的参与严重不足,合计占比仅为 0.83%,这种结构性失衡可能导致创新政策在法治保障和组织动员方面存在明显短板。深入分析各领域的政策协同状况发现,科教文卫体领域内部的协作相对密切,科技厅与教育厅的联合发文达到 9 次,但跨领域协作则较为罕见,如科教部门与法治部门的联动几乎空白,这种"条块分割"现象严重制约了创新治理的整体效能。

府际合作网络的协作特征分析揭示了当前治理模式的深层次矛盾。虽然联合发文数量达到 62 份,但仅占总样本的 7.3%,且以 2—3 个主体的简单合作为主,跨部门、跨领域的深度协作较为罕见。社会网络分析显示,财政厅、科技厅、教育厅等节点处于网络核心位置,点度中心度分别达到28、35和24,但整体网络密度仅为1.16,表明主体间的联系仍然较为松散。特别是一些专业性较强的部门如粮食局、气象局等明显处于网络边缘,点度中心度不足5,这种"碎片化治理"状态不仅造成了政策资源的分散浪费,更可能导致创新政策的实施效果大打折扣。从时间维度观察,政策主体数量和发文量在2015年达到峰值(主体数42个,发文量134份)后开始回落,但2020年以来又呈现回升态势,这种波动既反映了政策注意力随宏观环境变化的动态调整特征,也暴露出创新治理缺乏持续性的制度保障。

进一步分析政策主体的行为模式可以发现,不同层级和领域的政策主体在创新驱动工作中呈现出明显的角色分化。省级核心部门主要承担政策制定和资源分配职能,其政策文本更多体现战略性和指导性特征;地市政府则侧重于政策执行和项目落地,其政策内容更具操作性和针对性。从政策工具的选择来看,高层级主体更倾向于使用规划引导、标准制定等宏观性工具,而基层主体则更多运用资金补贴、项目审批等微观性工具。这种职能分工虽然有利于发挥各级政府的比较优势,但在缺乏有效协调机制的情况下,极易导致政策链条的脱节和断层。以科技成果转化为例,科技厅侧重研发支持,工信厅关注产业应用,而市场监管局负责知识产权保护,各部门各自为政的结果往往是转化过程中"最后一公里"难以打通。

从国际比较的视角来看,河南省创新驱动府际合作网络的结构特征既体现了中国特色的行政体系特点,也反映出转型期治理体系面临的普遍性挑战。与沿海发达地区相比,河南省政策网络的开放度和多元性明显不足,企业、高校、科研院所等非政府主体参与政策制定的渠道有限,这种政府主导型的治理模式在创新初期具有集中力量办大事的优势,但随着创新复杂性的提升,其灵活性和适应性不足的问题日益凸显。参考德国巴登—符腾堡州等国际先进地区的经验,建议河南省从三个方面完善主体结构:一是建立常设性的创新政策协调机构,打破部门壁垒;二是构建政府—市场—社会多元参与的治理格局;三是完善政策评估和动态调整机制。这些措施的系统推进将有助于构建更加协同高效的创新治理体系,为河南省高质量发展提供坚实的制度保障。

4.河南省创新驱动府际合作主要发展内容构成

4. 河南省创新驱动府际合作主要发展内容构成

改革开放以来，河南省经济高速发展，创新的重要性愈加显著。党的十八大报告提出了创新驱动发展战略，河南省也陆续出台了许多相关配套政策来推进创新。但是政策包含许多的核心议题和发展内容，具有全面性、复杂性、广泛性和交互性等特征，不能简单将其理解为单一的发展内容。河南省各级政府的创新驱动发展内容作为特定的公共政策现象和话语现象，其中标注主题词、主题词出现的频次、时间空间分布等均体现了河南省各级政府创新驱动府际合作的政策重点及变化过程。分层次地剖析河南省创新驱动府际合作相关政策的重点发展内容以及具体发展方向，明确河南省创新驱动支持政策的热点、重点和难点，才可以清晰了解河南省创新驱动府际合作中政策发展内容的全貌。

本书运用话语分析方法，对收集到的 844 份样本中政策客体进行双重关联主题词提取和统计分析，着重探究 2012—2023 年以来河南省各级政府创新驱动政策的主要涉及内容、各个时期的建设改革重点，并归纳总结河南省创新驱动政策的时间空间分布规律，以期客观呈现创新驱动府际合作主要内容的关键所在。

4.1 创新驱动府际合作主要发展内容统计描述

4.1.1 创新驱动府际合作主要发展内容概况

在公共政策文本的话语分析中，完整使用并严格区分政策用词，是准确、清晰了解河南省创新驱动府际合作发展政策内容的有效途径。因此，在对河南省创新驱动府际合作政策文本内容保留原词的同时，要进行反复、多次的标注和提取，以原汁原味的方式呈现出不同时期、不同政策客体对于创新驱动府际合作政策发展内容的细微差别。根据提取结果，844 份政策文本有 100 份政策文本只提取单一关联主题词，共得到 1588 个关联主题词。将 1588 个关联主题词统计归纳后，识别出 876 个发展内容，按照标记次数和占比排序，得到表 4-1。由于发展内容数量较多，表 4-1 只展示标记次数三次以上的 116 个发展内容。根据发展内容表中词频数据,使用在线词频统计软件做出关联词的词云图如图4-1所示。词云图直观显示出在河南省创新驱动府际合作网络中的主要发展内容有人才激励、基础设施建设、科技创新、人才引进和专项资金管理等。

图4-1 河南省创新驱动府际合作主要发展内容关联主题词词云图

表4-1 河南省创新驱动府际合作主要发展内容标记与排序

序号	发展内容	标记次数	标记占比	序号	发展内容	标记次数	标记占比
1	人才激励	36	2.27%	12	财政税收政策	13	0.82%
2	基础设施建设	30	1.89%	13	预算管理	12	0.76%
3	科技创新	27	1.70%	14	经济发展	11	0.69%
4	人才引进	26	1.64%	15	政府采购	11	0.69%
5	专项资金管理	24	1.51%	16	创新人才	10	0.63%
6	创新人才培养	22	1.39%	17	金融支持	9	0.57%
7	知识产权保护	20	1.26%	18	现代保险服务业	9	0.57%
8	科技支持	18	1.13%	19	实体经济发展	8	0.50%
9	金融服务	14	0.88%	20	赛事评选	7	0.44%
10	人才培养	14	0.88%	21	就业创业	7	0.44%
11	电子商务	13	0.82%	22	资金支持	7	0.44%

4. 河南省创新驱动府际合作主要发展内容构成

续表

序号	发展内容	标记次数	标记占比	序号	发展内容	标记次数	标记占比
23	科技创新展示	7	0.44%	54	研发中心建设	4	0.25%
24	交通运输业发展	7	0.44%	55	产业结构调整	4	0.25%
25	信贷支持	7	0.44%	56	蓝天工程	4	0.25%
26	实体经济	6	0.38%	57	养老服务业	4	0.25%
27	产业化集群	6	0.38%	58	粮食安全	4	0.25%
28	考核评估标准	6	0.38%	59	保险业务	4	0.25%
29	科技人才支持	6	0.38%	60	现代化职业教育	4	0.25%
30	快递服务	6	0.38%	61	高素质劳动者	4	0.25%
31	社会资本	6	0.38%	62	新能源汽车产业	4	0.25%
32	财政支持	6	0.38%	63	粮食管理	4	0.25%
33	监督管理	6	0.38%	64	创新创业	4	0.25%
34	深化改革	6	0.38%	65	就业扶贫	4	0.25%
35	粮食安全保障	6	0.38%	66	新兴产业发展	4	0.25%
36	体育事业发展	6	0.38%	67	农业供给侧改革	4	0.25%
37	节能减排	6	0.38%	68	互联网+	4	0.25%
38	农村农业发展	6	0.38%	69	信息服务	4	0.25%
39	农业产业化集群	5	0.31%	70	职业技能培训	3	0.19%
40	商标战略	5	0.31%	71	资源共享	3	0.19%
41	产业聚集区	5	0.31%	72	中小企业	3	0.19%
42	信息化发展	5	0.31%	73	中小微企业	3	0.19%
43	创新驱动发展	5	0.31%	74	资金管理	3	0.19%
44	科技企业孵化器	5	0.31%	75	现代化农业建设	3	0.19%
45	农业保险发展	5	0.31%	76	乡村振兴	3	0.19%
46	人才培育	5	0.31%	77	招商引资	3	0.19%
47	科技兴粮	5	0.31%	78	现代职业教育	3	0.19%
48	科技外事	5	0.31%	79	科技体制改革	3	0.19%
49	人才发展	5	0.31%	80	宽带中原	3	0.19%
50	医疗人才培养	4	0.25%	81	地方政府债券	3	0.19%
51	农业现代化	4	0.25%	82	农业发展	3	0.19%
52	技术开发区建设	4	0.25%	83	居民消费	3	0.19%
53	专项基金管理	4	0.25%	84	服务业发展	3	0.19%

续表

序号	发展内容	标记次数	标记占比	序号	发展内容	标记次数	标记占比
85	市场风险	3	0.19%	101	科技人才培养	3	0.19%
86	体育产业	3	0.19%	102	水利发展	3	0.19%
87	科技成果转化	3	0.19%	103	科学素质提升	3	0.19%
88	脱贫攻坚	3	0.19%	104	食品安全	3	0.19%
89	换点设施建设	3	0.19%	105	创新平台建设	3	0.19%
90	宽带互联网	3	0.19%	106	科技金融	3	0.19%
91	养老服务	3	0.19%	107	食品行业发展	3	0.19%
92	智慧健康养老	3	0.19%	108	考核评价	3	0.19%
93	返乡入乡	3	0.19%	109	人工智能	3	0.19%
94	创业带动就业	3	0.19%	110	自由贸易试点	3	0.19%
95	供给侧结构改革	3	0.19%	111	信息共享	3	0.19%
96	科技金融服务	3	0.19%	112	黄河流域生态保护	3	0.19%
97	品牌建设	3	0.19%	113	资金投入	3	0.19%
98	创新投资方式	3	0.19%	114	信息服务网建设	3	0.19%
99	中小微企业发展	3	0.19%	115	对外贸易	3	0.19%
100	制造业创新	3	0.19%	116	创新团队培养	3	0.19%

由表4-1可知：

（1）在选取的844个政策文本中，河南省创新驱动府际合作主要发展了"人才激励""基础设施建设""科技创新""人才引进""专项资金管理""创新人才培养""知识产权保护"和"科技支持"八方面内容，其出现次数占全部发展内容的12.78%。主要原因在于，创新驱动发展内容的主要落脚点是创新，而其又包含科技创新和人才创新等多方面。此外，若要提高河南省整体的创新发展能力，提高政策贯彻落实的精准度，不仅要加强相关人才队伍的教育培养、加快创新产业的基础设施建设，也要进一步提升产业专项资金管理力度和支撑产业创新的能力。总之，上述创新驱动府际合作主要发展内容构成较为符合河南省创新驱动府际合作支持的政策逻辑。

（2）多元的创新驱动府际合作主要发展内容在内涵范围上存在差异，在建设方向和建设重点上也有所不同。这些特殊性体现出河南省创新驱动府际合作支持进程的演变。

4. 河南省创新驱动府际合作主要发展内容构成

（3）虽然创新驱动府际合作主要发展内容有着不同的侧重点，但相互之间仍然存在着较为普遍的交叉现象，如人才激励和人才引进的交叉，科技创新和科技支持的重叠，创新人才培养和知识产权保护的交互等，这可能与创新驱动发展内容关联性强以及个别政策相互依存有关系。如为了支持河南省创新驱动发展，必须引进高层次人才，而通过奖励来吸引、留住、激励高层次人才可能是人才引进政策的侧重点；此外，创新驱动发展战略的核心是依靠科技创新，创新的目的是驱动发展，这表明科技创新、科技发展和创新发展相辅相成。

4.1.2 创新驱动府际合作主要发展内容归类

为了减少创新驱动府际合作主要发展内容的交叉性、依存性和模糊性带来的认知障碍，结合河南省推进创新驱动发展战略的实际情况，根据创新驱动府际合作的逻辑，本书依据创新驱动府际合作主要发展内容的相似性和关系紧密程度，将创新驱动府际合作主要发展内容区分为市场管理类、创新类、人才教育类、医疗卫生类、农业农村类、发展类和环境保护类等十二类，具体归类情况见表4-2和图4-2。

表 4-2　　　　　　　　创新驱动发展内容归类表

序号	类别	包含的创新驱动发展内容	标记次数
1	市场管理类	金融服务，实体经济，品牌战略，资源共享，中小企业，电子信息产业，中小微企业，商标战略，稳健货币，循环经济，现代经济，基础设施，粮食生产，资金管理，交通建设，粮食收储，生产经营，商标权，市场占有率，专项基金管理，科技经费，质量监督，知识产权战略，经济强市，财政收入，农产品附加值，市场竞争力，民间资本，市场环境，国际竞争力，经济全球化，企业自身素质，人文社会科学，招商引资，保障性住房，投融资公司，企业上市，经济结构调整，电子商务，蓝天工程，非公有制经济，财政资金引导，土地供需矛盾，商标注册量，电子商务龙头产业，快递服务业，经济规模，扩大消费需求，金融支持，新能源汽车，政府采购，金融信贷，价格杠杆稳增长，资本结构，现代保险服务业，资本市场，社会资本，资源配置，养老服务业，粮食安全，地方政府债券，有效投资，乡村旅游，财政支持，食品产业，科技创新投入，社会研发投入，肉牛肉羊产业，价格上涨，居民消费，银行金融机构，社会资本投入，资金链，财政科技计划，金融管理，市场风险，专利权，质押贷款，民营企业，农产品安全质量，产业	230

续表

序号	类别	包含的创新驱动发展内容	标记次数
1	市场管理类	链条,市场调节,测绘地理信息,小微企业融资,资金支持,小型微型企业,产业融资,产业向投融资,电信运营公司,体育消费,市场资源配置,宽带接入业务,知识产权质押融资,知识产权,金融租赁,资金使用效率,大中型工业企业,检验检测机构,买卖合作协议,居民便利消费,换电设施建设,专项资金管理,资金创新管理,粮食安全保障,对外经贸,创新投资方式,金融债券发行,政府债券发行,国有企业改革,国有资产监管,粮食管理,股权改革,产链融合,知识产权审判,运动休闲业,知识产权服务业,农业经营,经贸融资,工业结构调整,工业转型升级,贸易流通创新,供销制度改革,企业品牌建设,食品安全,技术市场管理,供给结构创新,投资融资体系,企业表彰,信息网络建设,大数据产业,财政科技,知识产权创造运用,市场准入,科技类投资基金,品牌建设,知识产权质押贷,共享经济发展,企业登记管理,知识产权运用和保护,市场监管,财政税收政策,创新融资管理,专利发展,建立财政性建设资金,监督管理类,资金奖励,知识产权保护,知识产权质押,资金奖补,现代物流运行体系,专项资金,融资管理,资金投入,实体经济发展	230
2	创新类	建立示范基地,调整产业结构,结构调整,粮食生产核心区,全国质量城市,示范工作,战略性新兴产业,创新示范区建设,园区建设,创新社会管理,创新评估体系,创业兴业,科技成果推广,中原经济区,科技统计,创新培养基地,留学人员创业园,信息网络,优化经济结构,重点研究基础,新型特色园区,科技创新,城乡规划,技术创新,产业结构调整,服务网络化,工业转型升级,完善质量管理体系,创新型特色园区,自主知识产权,公共技术研发,有效支撑,工程技术研究中心,重点实验室管理办法,现代交通网络,科技强交战略,协同创新中心,创新试验区,教学示范中心,技术改造,经济综合试验区,网络升级演进,产业协同联动,垃圾综合利用,"专精特新"中小企业,稳增长促转型,巡视督导制度,科学技术进步奖,综合信息服务平台,气象服务社会化,企业服务平台,网络平台,本科学校转型,科技企业孵化器,高水平研发中心,优化监管环境,宽带中原,产业聚集区,良性互动机制,产业转型升级,经济结构调整,提升传统产业,计量发展规划,城乡一体化示范区,农业试验区,电子政务基础框架,新型工业化,开放型农业,资本合作模式,外贸发展升级转型,企业科技孵化器,二业机器人,智能装备产业园,企业孵化器,科技进步,新能源汽车,口原电气谷,产学研合作,质量强市,中央投资项目,人力资源服务业,生产性服务业,现代物流业,专业技术,健康服务业,社会办医,创新驱动能力,创业示范基地,信息网络技术,蓝天工程,校企合作,创新创业大赛,经济转型,自主创业成果展,创业就业服务体系,技工校园改革创新,投融资公司改革创新,大数据,普通高等学校分类,粮食安全,高等教育综合改革,社会经济发展能力,云计算大数据,网络强省,建筑产业现代化,科研仪器开放共享,"互联网+人社",	281

4. 河南省创新驱动府际合作主要发展内容构成

续表

序号	类别	包含的创新驱动发展内容	标记次数
2	创新类	新消费引领，健康消费，"单一窗口"，实名信息，科技成果，科技成果转化，大众创业万众创新，科学技术奖励，科教兴豫，创新驱动发展战略，商贸物流标准化，商贸物流运作，宽带提速降费，脱贫攻坚，社会主义新农村，和谐劳动关系，创新驱动发展，创新体系改善，自主创新示范区，全面小康，文明建设工作，科技兴粮，创新驱动，财政税收政策，创新金融服务，气象服务创新平台，创新投资方式，创新驱动升级，制造业创新，新能源汽车发展，平台经济发展，兼并重组，创新基金管理，创新体育场馆，金融工具创新，创新为农服务方式，数字城市，大数据技术创新，大数据中心建设，创新监督方式，创新动能发展，创新铁路发展，制造业创新中心，自主创新，示范城市建设，科学技术管理，创新资源，创新平台建设，科技创新中心建设，奖励机制，新能源产业，节能减排，创新创业服务，创新引领发展，创新产业政策，创新引领型企业，创新基地建设，创业孵化示范基地，创新合作模式，新能源发展，创新制造模式，光电产业，科技支持，互联网+，城市开发，创新财政科技，科技综合，改革创新，专项规划，信息共享，财政税收优惠政策，创新奖励资金管理，金融产品，创新合作机制，创新服务模式，养殖基础设施和装备，创新工程，新型技术创新，油品输送网络，创新团队培养，示范项目，金融支持，重大工程，科技创新合作，科技财政创新	281
3	发展类	农业示范区，核心技术专利化，工程建设，科学发展，产业化集群，产业发展，科学发展观，防震减灾，发展资金，协调发展，统筹发展，经济发展，机械化水平，产业聚集区，主导产业发展，全民技能，中医药事业发展，信息化发展，信息技术，基础设施建设，农业现代化，金融业发展，统筹城乡发展，公共服务，信息网络，综合生产能力，广告产业发展，信息基础设施建设，标准化建设，数字城市，地理空间，宽带发展，现代化农业建设，产业园区建设，文化建设，高新技术开发区建设，科技成果产业化，技术开发区建设，原料药产业，文化产业，精神文明建设，畜牧业发展，企业创新发展，繁育基地建设，农产品加工业，建筑业发展，研发中心建设，自主创新体系建设，公共服务建设，技术服务平台建设，科技产业园建设，中心城区一体化，旅游业发展，投融资平台建设，小微企业发展，农业科技园区建设，高新区建设，内河水运发展，现代交通运业发展，中原经济区建设，教师专业化发展，数字校园建设，质量发展，电子商务产业园区建设，电子商务体系建设，企业服务长效机制，生态农业发展，土地资源利用效率，创新驱动发展，区域经济发展，教师专业化水平，气象现代化，"四化"同步发展，信息技术革命发展，中长期人才发展规划，工业增长，企业提档升级，纺织服饰产业发展，产业升级，粮食核心生产区，科技成果产出，养老服务业，完善市场机制，食品药品产业发展，宽带网络建设，综合试验区建设，治安防控体系，政务信息基础设施建设，区中园建设，	517

续表

序号	类别	包含的创新驱动发展内容	标记次数
3	发展类	经济增长点,农业保险发展,现代农业建设,农业基础设施建设,职业教育发展,养老服务信息平台,粮食生产和流通,生产性服务业,经济持续发展,稳增长保态势,财政支持,工业发展,高标准粮田建设,电子政务协调发展,保险业务,产业聚集区建设,预拌砂浆使用,金融工作,经济稳增长,服务业发展,企业服务,小企业发展,公共服务基础建设,大学科技园建设,核心竞争力,重大战略,经济社会发展,物流园建设,民生工程,基本医疗卫生服务,非公立医疗机构,健康发展,绿色交通建设,职业院校服务,"十三五"科技发展规划,创业孵化平台建设,移动通信基站建设,市场主体服务,总体思路,重点领域,体育产业,粮食产业发展,涉企资金化改革,"互联网+",小微企业创新发展,建筑业发展水平,科研基础设施,科技平台建设,科学化管理,金融服务平台建设,粮食产销合作,粮食安全,先进技术融合,专家服务基层,地理信息产业,地理信息基础设施建设,信息互联互通,老年人体育工作,城市转型,资源整合,煤炭行业解困,重大科研基础设施,企业资源整合,劳动者利益诉求,科技水平,新能源汽车产业,智慧健康养老,资金支持,孵化器建设,科技金融服务,加工贸易,品牌建设,体育事业发展,移动通信,移动互联网,重点扶持企业,中小微企业发展,气象发展,退出过剩产能,体育健身服务,电子商务,粮食管理,生物医药发展,产业投资,财政投入,公共服务平台建设,政府采购,就业扶贫,数字经济发展,脱贫攻坚,社会保险,开展法治宣传,节能产业发展,水利发展,交通运输业发展,交通强国,智能电网,集成电路产业,道路发展,综合交通运输,技术规范,转型发展,气象现代化,灾害监测预警,农村信息化建设,新兴产业发展,预算管理,装备制造业,制造业基地建设,科学中心建设,科技成果转移,大数据发展,大数据技术,制造业创新发展,证券发行管理,创业风投企业发展,消费者权益,科技创新展示,实体经济发展,金融服务,金融支持,金融债券发行,主题科普,可再生能源,国土资源,交通运输业发展,科技创新合作,科技支持,社会服务产业,信息基础设施,中医药发展,中医管理,人才兴粮,种业发展,专项资金管理,科技金融,科技金融支持,现代服务,城市建设,信息服务,科技进步奖励,食品行业发展,质量公共服务,科技成果转化,示范工程,科技企业孵化器,科技成果鉴定,人工智能,招商引资,信贷支持,科技创新,地理信息产业发展,信息网络建设,制造产业发展,知识产权运用,智能产业,创新激励,创新平台建设,基础设施,创新人才培养,信息共享,财政税收,创新文化,革命区保护,技术研发,自然资源科技,资金拨付,文物保护,国民经济发展,铁路发展,信息化建设,财政税收政策,信息资源共享,信息平台建设,绿色产品消费,专项资金,科学研究,绿色技术,资金投入,文化交流,营商环境优化,城市规划,开发建设,生态建设,人才引进,商务贸易,融资支持,区域经济,气象工作,健康产业,信息服务网建设,养殖场机械化,	517

4. 河南省创新驱动府际合作主要发展内容构成

续表

序号	类别	包含的创新驱动发展内容	标记次数
3	发展类	城镇化发展，智慧电网，金融环境，科技贷款，高速公路互通布局，农财政金融制度，金融支农服务创新，新能源行业，高新技术产业发展，服务平台建设，加大财政支持，人才补贴，统筹财政资金，科研基地建设	517
4	人才教育类	全民技能，职业技能培训，职业教育，人力资源，人才工程，学科创新，技能人才评价，赛事评选，留学人员，教育信息化，科技强市，人才培养，研究生教育，高水平研发人才，科技人才支持，联合培养，系统培养，人才培养计划，科技工作者，教师队伍建设，优秀学术技术带头人，高等农林教育，创新型人才，青年教师，"千人计划"，人才支持，人才培养模式，现代职业教育，整合人才，技术技能人才，人才培养公共服务平台，技术带头人，人才培训，人力资源保障，人才培养质量，人才引进工程，美育工作，专业技术人才，高级经济师，人才支撑，教育规律，普法教育，教育系统，专业人才培养，人才培育，人才激励，科技人才培养，知识产权保护，金融知识国民教育，高等学校建设，业务培训，骨干教师培养，高新技术人才培育，科学素质提升，学校建设，人才区域流动，人才队伍建设，引进创新创业人才，素质教育，人才引育，创新人才，科技创新人才支持，高等教育，创新型人才队伍，教育人才发展，高等学校创新创业，人才评选，科技创新人才计划，科技创新人才，创新型科技人才，创新引领型人才，人才发展，知识产权培育，人才引进，教育教学创新，创新人才团队引育，创新团队引进，人才流动，人才管理，教育改革，创新人才培养，基础设施建设，科学技术人才引育，创新培育模式，基础教育，教育综合，科技人员，科技特派员，医疗人才培养，技术人才培养，知识产权创造保护，创新团队培养，壮大文物人才队伍，科技金融人才库建设	250
5	创业就业类	稳定就业，创业辅导，创新创业，保障就业，现代职业教育，全民创业，扩大就业，创业平台建设，就业创业，吸纳就业能力，高素质劳动者，职业教育结构，人力资源市场，实习基地，特色职业学校，现代化职业教育，企业创业基地，残疾人就业创业，创业辅导培训，交通运输职业教育，职工继续教育，创业引领计划，创业成功交流，高质量就业，创业投资，小微企业吸纳就业，大学生创业活动，创新创业，创业带动就业，创业就业，体育就业，人才创业环境建设，免费创业培训，特殊群体创业就业，大众创业，就业服务，农村科技创业，创新创业服务，科技创新创业，创新创业资源共享，创业担保贷款，科技贷，人才政策体	43
6	医疗卫生类	医疗人才培养，中医药事业发展，医药服务，医疗卫生，药品管理，养老服务，中医养生保健，医疗保健，互联网+医疗，卫生综合，医疗服务，医学教育，医疗资源	19

续表

序号	类别	包含的创新驱动发展内容	标记次数
7	农业农村类	农业产业化集群，高标准粮田，现代农业建设，农民增收，农业机械化，乡村振兴，农民专业合作社，商业化育种，农村社区建设，农村创新产业，农村特色经济，循环农业，现代渔业发展，渔业区域布局，农业生产经营，粮食生产核心区，农民用水，农田水利工程，整合农机资源，农民创业创新行动，粮食生产，生态循环农业，农业发展，农产品加工业，农业经营主体，现代化农业建设，农业三项补贴，地力保护补贴，农业现代化，返乡入乡，农业创新创业，农业科技创新，农业农村发展，农业创新发展，现代农业，新型城镇化发展	54
8	环境保护类	新能源产业，可持续发展，土地资源领域，环境友好型城市，大气污染防治，空气质量，生态文明建设，秸秆禁烧，资源枯竭，新能源汽车产业，污水处理，工业绿色发展，绿色生态，节能减排，创新污染防治方式，生态环境保护，黄河流域生态保护，自然资源保护，创新人才培养，护林防火，自然保护，智慧能源，绿色科技，创新生态建设，知识产权保护	31
9	体制改革类	水利改革，水利发展规划，文化体制改革，医药体制改革，完善体制机制，奖助政策体系，教育综合改革，基础教育改革，教育课程改革，国有粮食企业改革，现代化产业体系，知识产权保护体系，科技体制改革，服务企业工作机制，现代化市场体系，特殊津贴制度，技术装备保险补偿机制，投融资机制改革，良性互动机制，改革创新，创新创业教育改革，矿产资源深化改革，深化改革，供给侧结构性改革，政策措施，体育领域改革创新，经济体制改革，构建动态考核，创业投资机制完善，简政放权，社会保障体系，供给侧改革，农业技术服务体系，工业改革，服务业改革，住房制度改革，"放管服"改革，农业供给侧改革，教育改革，制度改革，创新改革，人才体制改革，行政体制改革，机制改革创新，考核评价，监督管理类，政策创新	63
10	监督管理类	国际标准，监管指导，标准化，数字化城市管理，考核评估标准，监管体系，农产品质量安全，研究基地管理，数字校园建设标准，企业服务考核制度，督导考核制度，政务信息，审计工作，监督制度建设，项目督导考核，监督管理，养老服务标准，三证合一，工商营业执照，省长责任制，规范运营管理，加强监管，法人治理结构改革，知识普及评估反馈机制，创新市场监管模式，考核评价机制，行政考核制度，创新考核机制，管理体制改革，信用约束机制，考核评价，评定考核，检查监督，创新法规管制，科技监管，创新考核评估标准，创新管理方式，动态考核机制，检测管理	57
11	政府组织类	政府调控，组织领导，政府主导	3

4. 河南省创新驱动府际合作主要发展内容构成

续表

序号	类别	包含的创新驱动发展内容	标记次数
12	对外开放类	招商引资,外贸竞争优势,开拓国际市场,食品农产品出口,外贸增长,农业对外开放,国际竞争力,国际贸易,自由贸易试验区,科技外事,"一带一路",国际科技创新,国际合作,自由贸易试点,外贸发展,贸易发展,建设海外仓,离岸创新创业基地,国际科技合作基地,跨境贸易,建设国际贸易总部,对外贸易,建立海外仓	32

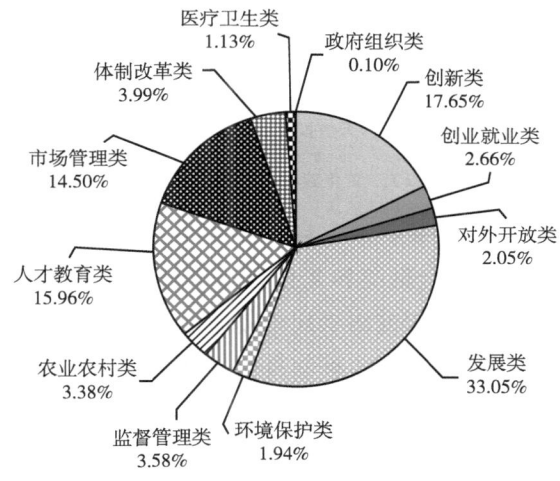

图 4-2 河南省及各地市创新驱动发展内容权重图

由表 4-2 和图 4-2 可知：(1) 河南省创新驱动府际合作主要发展内容的确定,不仅涉及从政策发布到政策落实审核的全过程,还覆盖了包含医疗、环境、农村以及高新技术产业等多个领域,已经形成了以"市场管理—人才教育—体制改革—创新发展"为主要内容的工作链条,并辅以审核、检查和监督管理等政策落实的保障手段。

(2) "重创新,重发展,轻监督,轻环保"。创新类和发展类的标记次数占比 50.7%,说明河南省各级政府都积极响应创新驱动发展战略,其中发展类里包含了交通运输业、食品医药产业、快递服务业以及水利行业等各行各业,说明河南省已经将创新运用到全社会的各个领域来促进社会经济高质量发展。但环境保护类和监督管理类分别占 1.94% 和 3.58%,关注程度不高,而且与创新类、发展类相比，可以发现河南省创新驱动府际合作中不同发展内容取得的重视程度不同，存在一定的差异性，应根据实际需求，给予各发展内容更加均衡的政策关注度，并适当提高环境保护类和监督管理类的政策注意力。

（3）在统计过程中发现有两类相对于其他内容较为特殊的，本小节将其划分为文化类和金融类，对其单独进行统计描述。

表4–3　　　　　　发展内容文化类和金融类划分

发展内容类别	包含的发展内容	标记次数
金融类	优化信贷结构（1），货币信贷（5），投资担保（3），金融体系（1），信贷融资（4），产权质押贷款（3），资金政策支持（2），财税金融政策（2），投融资环境（1），资金投入（3），融资渠道（4），货币政策（1），天使投资（1），股权投资（1）	32
文化类	文化体制改革（2），文化建设（2），文化产业（2），创新文化（2），文化交流（2）	10

从表4–3可以看出，金融类和文化类不论是从发展内容方面或是其标记次数方面，均占比很少，表明河南省现阶段的创新驱动府际合作发展建设涉及金融领域和文化领域的内容不足。创新虽然是以企业为主体，以人才为创新要素，以科技发展为手段来推进经济的快速发展，但是也不能忽略文化建设和创新对河南省及各地市经济发展和公民素质的影响，提高本省人民的文化自信，进而促进本省文化的创新实践，这对于促进经济发展也有一定的推进力。此外，金融市场发展还未完善，河南省各级政府以金融类为发展内容的政策数量较少，而金融制度的创新、成熟金融市场的建立对促进河南省创新驱动发展、构建高效的创新驱动府际合作网络结构举足轻重，在今后相关创新驱动发展政策的制定过程中应增加金融类的政策导向。

4.2　创新驱动府际合作主要发展内容的空间分布

河南省经济发展进入新时代，经济增长动力欠缺，同时又面临着资源与环

4. 河南省创新驱动府际合作主要发展内容构成

境的双重制约，导致河南省面临着巨大的结构调整压力。实施创新驱动发展战略，提高经济发展质量和效率，推动经济转型升级，是解决当前河南省资源与环境约束的重要途径。2012 年国家提出创新驱动发展战略后，河南省各级政府给予这一战略高度重视。从理论上讲，创新不仅是市场选择的结果，也是政府推动的结果。近年来，河南省针对创新驱动发布了一系列政策，在河南省各级政府发布的政策中，哪些方面的工作与"创新驱动发展"密切相关？不同政府部门关注的创新驱动府际合作网络发展内容是否相同？通过河南省各级政府发布的创新驱动发展政策文本内容以及政策发布单位，从空间维度揭示创新驱动府际合作主要发展内容与政策主体的交互关系。

表 4 - 4　　　创新驱动发展内容和建设主体的交互分布

发文单位	市场管理类	创新类	人才教育类	农业农村类	发展类	环境保护类	创业就业类	体制改革类	监督管理类	政府组织类	对外开放类	医疗卫生类
安阳市人民政府	◆	◆	◆	◆	◆	◆	◆	◆			◆	◆
焦作市人民政府	◆								◆			
开封市人民政府	◆			◆					◆			◆
洛阳市人民政府	◆	◆			◆				◆			
漯河市人民政府	◆				◆							
南阳市人民政府	◆	◆	◆		◆				◆		◆	◆
平顶山市人民政府	◆				◆				◆			
濮阳市人民政府	◆								◆	◆		
三门峡市人民政府	◆		◆									
商丘市人民政府					◆							
鹤壁市人民政府	◆				◆						◆	◆
新乡市人民政府	◆				◆	◆						
信阳市人民政府					◆	◆						
许昌市人民政府	◆				◆							
周口市人民政府					◆							
郑州市人民政府	◆	◆	◆		◆	◆	◆	◆			◆	

续表

发文单位	市场管理类	创新类	人才教育类	农业农村类	发展类	环境保护类	创业就业类	体制改革类	监督管理类	政府组织类	对外开放类	医疗卫生类
驻马店市人民政府	◆	◆	◆	◆	◆	◆					◆	◆
河南省财政厅	◆	◆	◆	◆	◆		◆	◆	◆		◆	◆
河南省农业厅	◆	◆	◆	◆	◆							
河南省教育厅	◆	◆							◆			
河南省工商行政管理局	◆	◆					◆				◆	
河南省人民政府国有资产监督管理委员会	◆	◆			◆				◆		◆	
河南省人民政府金融服务办公室	◆	◆			◆							
河南省商务厅	◆	◆	◆		◆				◆		◆	
中国农业发展银行河南省分行	◆	◆		◆	◆							
河南省国家税务局	◆				◆			◆	◆			
河南省地方税务局	◆	◆			◆				◆			
中国保险监督管理委员会河南监察局	◆	◆										
中国人民银行郑州中心支行	◆	◆			◆				◆			
中国银行业监督管理委员会河南监察局	◆							◆	◆			
河南省工商业联合会	◆	◆										
河南省住房和城乡建设厅	◆	◆			◆			◆	◆			
河南省统计局		◆			◆				◆			
河南省地方金融监督管理局	◆								◆			
中国银行保险监督委员会河南监管局	◆								◆			
河南省粮食局	◆											
河南省人力资源和社会保障厅			◆	◆	◆				◆			
河南省水利学会		◆			◆	◆						
河南省林业厅		◆										
河南省国土资源厅	◆	◆							◆			
河南省水利厅		◆										
河南省民政厅	◆	◆	◆		◆				◆			

4. 河南省创新驱动府际合作主要发展内容构成

续表

发文单位	市场管理类	创新类	人才教育类	农业农村类	发展类	环境保护类	创业就业类	体制改革类	监督管理类	政府组织类	对外开放类	医疗卫生类
河南省气象局		◆			◆	◆						
河南省乡村振兴局		◆	◆	◆	◆	◆			◆			
河南省科学技术厅	◆	◆	◆		◆							◆
河南省卫生健康委员会	◆	◆	◆		◆	◆						◆
河南省知识产权局		◆	◆									
河南省卫生和计划生育委员会				◆					◆			
河南省广播电影电视局	◆	◆			◆							
河南省新闻出版广电局		◆			◆							
河南省外国专家局		◆			◆						◆	
中共河南省委高校工委		◆	◆									
河南省食品药品监督管理局	◆	◆		◆	◆							◆
河南省工业和信息化厅		◆	◆		◆			◆	◆			
河南省工业和信息化委员会		◆			◆							
河南省交通运输厅	◆				◆							
河南省通信管理局												
河南省发展和改革委员会		◆			◆			◆		◆		
河南省人大（含常委会）	◆	◆			◆					◆		
河南省人民政府	◆	◆	◆	◆	◆	◆	◆	◆	◆	◆	◆	◆
中共河南省委		◆			◆							
共青团河南省委员会		◆			◆							
河南省社会管理综合治理委员会		◆			◆			◆	◆			
河南省对外开放工作领导小组办公室		◆			◆						◆	
河南省中原城市群建设工作领导小组		◆			◆	◆						
鹤壁市人大（含常委会）		◆			◆				◆			
中共商丘市委		◆					◆		◆			
许昌市人大（含常委会）		◆								◆		

续表

发文单位	市场管理类	创新类	人才教育类	农业农村类	发展类	环境保护类	创业就业类	体制改革类	监督管理类	政府组织类	对外开放类	医疗卫生类
中共郑州市委员会		◆			◆	◆			◆	◆	◆	
周口市人大（含常委会）		◆							◆			
中共信阳市委					◆							
河南省测绘地理信息局		◆	◆		◆				◆			
河南省自然资源厅		◆			◆							
河南省环境保护厅		◆				◆			◆			
河南省生态环境厅						◆						
河南省司法厅		◆			◆					◆	◆	
河南省市场监督管理局		◆							◆			
河南省质量技术监督局	◆	◆										
中共河南省委组织部	◆	◆							◆			
中共河南省委宣传部		◆	◆		◆		◆					
中共开封市委		◆			◆							
洛阳市人大（含常委会）		◆			◆	◆		◆				
中共漯河市委		◆							◆			
中共洛阳市委员会		◆		◆								

为了探究河南省主要关注创新驱动发展内容的哪些方面，本小节对84个创新驱动府际合作政策主体发布的政策内容进行了交互分析，结果见表4-4。由表4-4可知：（1）总体上，河南省各级政府部门已经在创新驱动发展战略推进的各个层面和领域进行了诸多努力，形成了全覆盖的格局。（2）河南省人民政府及郑州市人民政府所制定的政策最为全面，涉及十二个发展内容类别，符合政策制定逻辑。这二者作为河南省顶层设计的主导单位，需要制定政策总领全局。另外，安阳市人民政府、南阳市人民政府和鹤壁市人民政府发布的政策所涉及的发展内容也较为广泛，共涉及十一个发展内容类别，主要是因为创新驱动发展离不开科技、人才和资金的支持，而这些部门又是可以广泛、

灵活地分配使用这些资源的主导部门单位。（3）监督管理类在发展内容中所占比例较小，但提及这一内容的部门数量较多，这表明各部门相对较为重视监督管理工作，积极制定相关的政策文本，因为若忽视政策出台之后的监督管理工作，可能导致政策效力大大减弱，这一问题同样存在于环境保护类。（4）医疗卫生类、对外开放类、农业农村类和党务工作类由于这几类发展内容具体化，只能与相关的政府部门产生交互，涉及的政府部门数量较少。

4.3 创新驱动府际合作主要发展内容的时间分布

河南省各级政府对于创新发展支持已经进行了多年的探索，通过政府部门的发文以及具体的发展内容可以看出政府关注的重点内容随着经济和社会的发展在不断变化，与此同时创新驱动发展内容所含内容的广度和深度在各个时期也并不相同。为了探究创新驱动府际合作网络中发展内容的整体发展方向和变化轨迹，以及各时期创新驱动发展重点内容的发展和变化，本小节将从宏观和微观两个视角，着重研究创新驱动府际合作主要发展内容的总体分布和年度重点分布两个方面，以归纳出创新驱动府际合作主要发展内容的变化特征。

4.3.1 创新驱动府际合作主要发展内容的总体分布

由图4-3可知，2015年创新驱动府际合作主要发展内容标记次数最高，为200次。2016年发展内容标记次数为182次，相较于2015年有小幅度下降，自2017年开始创新驱动府际合作政策发展内容标记次数骤降，2021年后呈现出平稳上升趋势。造成这种情况的原因是自2012年创新驱动发展战略明确出台后，2015年国务院发布《关于深化体制改革加快实施创新驱动发展战略的若干意见》，河南省紧随国家政策要求，进一步强调要以"创新驱动"作为经济社会发展的核心原则。因此在2015—2016年两年内，相关政策发文数量激增，同年份发展内容标记次数也有所增加。

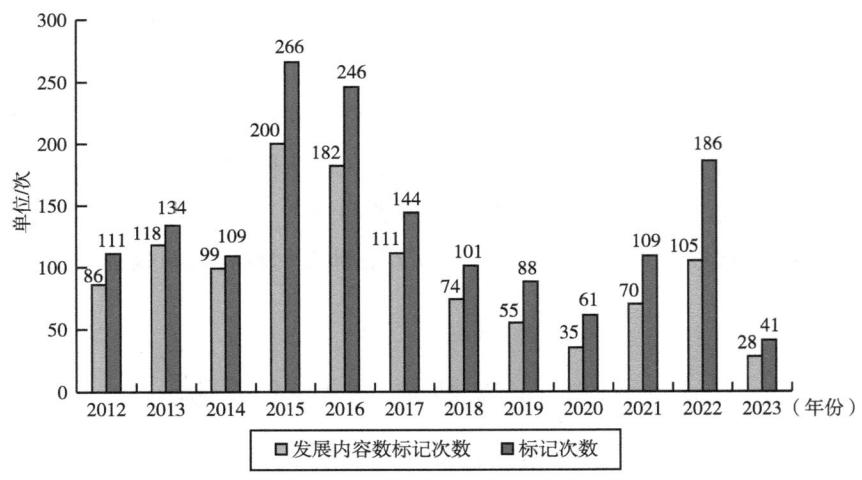

图 4-3 创新驱动发展内容数与标记次数的年度分布

由表 4-5 可知：

（1）创新驱动府际合作的发展内容经历了"由少到多""由浅入深"的变化过程，其包含的内容也在不断扩充和完善。如在 2012 年提出的"技术发展""信息技术"之后信息技术的发展方向逐渐细分，合作对象范围逐渐扩大，逐步扩散到数字化校园、大数据技术和"互联网+医疗"等多个产业。反映了创新驱动府际合作网络的发展内容正在逐步趋向于实体行业里，具体到各行各业，包含农业、工业、林业、金融业和医疗卫生业等。总之，创新驱动府际合作发展内容的组成部分越来越多元化，创新驱动发展在全社会蔚然成风。

（2）最早出现的发展内容为"产业化集群""基础设施建设"和"实体经济"，这三者在以后的年份中也被河南省及各地市政府所重点关注，贯穿了整个创新驱动政策支持的历程。这表明河南省创新驱动从开始就立足于产业化发展、基础设施建设和实体经济三个方面。党的十八大提出要大力实施创新驱动发展战略，全方位推进科技创新、企业创新等，加快科技成果向现实生产力转化，推动科技与经济紧密结合。因此，河南省各级政府积极响应国家号召，坚持需求导向，通过产业化将科技创新成果与产业发展紧密结合，推动科技创新转化为强大的现实生产力，实现创新驱动；通过基础设施建设进行创新资源

4. 河南省创新驱动府际合作主要发展内容构成

整合，为产业创新驱动夯实发展基础，提供技术支撑[①]；政府在创新驱动发展上充分发挥"看得见的手"的作用，为实体经济自主创新提供宽松有序的环境，建设现代化经济体系。多年创新驱动发展的实践证明了河南省创新驱动立足点的正确性。

（3）标记次数最多的五个发展内容分别为"人才培养""科技创新""创业就业""管理创新"和"创新驱动发展"。自2012年及以后，标记次数最多的五个发展内容呈现出了不尽相同的变化趋势，除了"管理创新"个别年份未被提及，其余四个发展内容在其他年份均被多次提及，这也与河南省各级政府进一步贯彻落实创新驱动发展战略有关。

（4）在2012年和2013年内，发展内容还包括有文化类，但是在2014—2019年，文化类发展内容仅有"建设精神文明工作"在2016年被简略提到，其他年份均未被提及，这说明文化创新发展一直被各主体所忽视，直到2020年开始，文化建设才又进入河南省各级政府部门的视野，文化类发展内容的政策支持在时间上具有不连续性。文化在创新驱动发展中能起到引领作用，支持与推动经济高质量发展，河南省各级政府应当提高文化创新发展的重视程度。

表4–5　　　　　创新驱动发展内容年度标记次数分布

年份	标记次数	发展内容标记情况明细
2012	111	人才培养（6），创业就业（4），科技创新（3），经济发展（3），管理创新（2），创新驱动发展（2），高标准农田（2），全民技能（2），职业技能培训（2），资源共享（2），产业发展（2），科学发展观（2），产业聚集区（2），中医药事业发展（2），信息化发展（2），农业现代化（2），金融业发展（2），广告产业发展（2），农业产业化集群（1），农业示范区（1），品牌战略（1），核心技术专利化（1），工程建设（1），监管指导（1），科学发展（1），职业教育（1），人力资源（1），防震减灾（1），标准化（1），中小企业（1），发展资金（1），政府调控（1），电子信息产业（1），统筹发展（1），中小微企业（1），商标战略（1），机械化水平（1），建立示范基地（1），主导产业发展（1），稳健货币（1），调整产业结构（1），医疗人才培养（1），现代农业建设（1），信息技术（1），循环经济（1），结构调整（1），现代经济（1），统筹城乡发展（1），粮食生产核心区（1），数字化城市管理（1），公共服务（1），基础设施（1），组织领导（1），

---

① 岑树田，葛扬．我国创新驱动发展战略的政策效应研究——基于财政科技投入视角的理论与实证［J］．经济问题，2023（05）：9-21．

续表

年份	标记次数	发展内容标记情况明细
2012	111	粮食生产（1），综合生产能力（1），全国质量城市（1），示范工作（1），战略性新兴产业（1），产业化集群（1），水利发展规划（1），医药服务（1），创新示范区建设（1），资金管理（1），园区建设（1），创新社会管理（1），创新评估体系（1），创业兴业（1），信息基础设施建设（1），科技成果推广（1），标准化建设（1），中原经济区（1），人才工程（1），交通建设（1），科技统计（1），创新培养基地（1），学科创新（1），技能人才评价（1），赛事评选（1），留学人员（1），留学人员创业园（1），文化体制改革（1），数字城市（1），地理空间（1），宽带发展（1），基础设施建设（1），教育信息化（1）
2013	134	人才培养（4），创业就业（4），专项基金管理（4），科技创新（3），研发中心建设（3），经济发展（2），商标战略（2），农业产业化集群（2），信息网络（1），现代化农业建设（1），粮食收储（1），优化经济结构（1），产业园区建设（1），文化建设（1），考核评估标准（1），科技成果产业化（1），重点研究基础（1），技术开发区建设（1），新型特色园区（1），医药体制改革（1），原料药产业（1），文化产业（1），精神文明建设（1），生产经营（1），畜牧业发展（1），商标权（1），企业创新发展（1），资金管理（1），繁育基地建设（1），农产品加工业（1），科技强市（1），农民增收（1），建筑业发展（1），基础设施建设（1），战略性新兴产业（1），市场占有率（1），城乡规划（1），技术创新（1），自主创新体系建设（1），科技经费（1），农业机械化（1），乡村振兴（1），农民专业合作社（1），产业结构调整（1），公共服务建设（1），服务网络化（1），质量监督（1），技术服务平台建设（1），工业转型升级（1），新能源产业（1），商业化育种（1），知识产权战略（1），科技产业建设（1），中心城区一体化（1），旅游业发展（1），经济强市（1），完善质量管理体系（1），政府主导（1），可持续发展（1），中小微企业（1），监管体系（1），小微企业发展（1），财政收入（1），农业科技园区建设（1），农产品附加值（1），完善体制机制（1），农产品质量安全（1），市场竞争力（1），创新型特色园区（1），民间资本（1），农村社区建设（1），市场环境（1），自主知识产权（1），国际竞争力（1），经济全球化（1），医疗卫生（1），药品管理（1），研究生教育（1），奖助政策体系（1），公共技术研发（1），中小企业（1），企业自身素质（1），有效支撑（1），高新区建设（1），工程技术研究中心（1），高水平研发人才（1），重点实验室管理办法（1），土地资源领域（1），内河水运发展（1），现代交通网络（1），科技强交战略（1），现代交通运输业发展（1），协同创新中心（1），科技人才支持（1），教育综合改革（1），中原经济区建设（1），研究基地管理（1），人文社会科学（1），创新试验区（1），基础教育改革（1），教育课程改革（1），教师专业化发展（1），数字校园建设标准（1），数字校园建设（1），教学示范中心（1），联合培养（1），国有粮食企业改革（1），农村创新产业（1），技术改造（1），信息化发展（1），质量发展（1），现代化产业体系（1），经济综合试验区（1），招商引资（1），保障性住房（1），投融资公司（1），网络升级演进（1），产业协同联动（1）

4. 河南省创新驱动府际合作主要发展内容构成

续表

年份	标记次数	发展内容标记情况明细
2014	109	就业创业（5），蓝天工程（3），创新驱动发展（2），人才培养（2），科技创新（2），宽带中原（2），垃圾综合利用（1），环境友好型城市（1），知识产权战略（1），知识产权保护体系（1），农村特色经济（1），经济结构调整（1），"专精特新"中小企业（1），信息化发展（1），基础设施建设（1），大气污染防治（1），稳增长促转型（1），招商引资（1），电子商务产业园区建设（1），电子商务体系建设（1），企业服务长效机制（1），资源共享（1），现代职业教育（1），系统培养（1），生态农业发展（1），循环农业（1），非公有制经济（1），财政资金引导（1），土地供需矛盾（1），土地资源利用效率（1），科技体制改革（1），商标战略（1），人才培育计划（1），巡视督导制度（1），企业服务考核制度（1），商标注册量（1），科学技术进步奖（1），科技工作者（1），空气质量（1），区域经济发展（1），电子商务龙头产业（1），快递服务业（1），经济规模（1），扩大消费需求（1），现代渔业发展（1），渔业区域布局（1），金融支持（1），综合信息服务平台（1），新能源汽车（1），政府采购（1），教师队伍建设（1），教师专业化水平（1），气象现代化（1），气象服务社会化（1），"四化"同步发展（1），信息技术革命发展（1），企业服务平台（1），督导考核制度（1），优秀学术技术带头人（1），中长期人才发展规划（1），金融信贷（1），稳健货币（1），工业增长（1），企业提档升级（1），纺织服饰产业发展（1），产业升级（1），扩大就业（1），生态文明建设（1），服务企业工作机制（1），网络平台（1），农业产业化集群（1），农业生产经营（1），价格杠杆稳增长（1），粮食核心生产区（1），高等农林教育（1），创新型人才（1），青年教师（1），"千人计划"（1），科技人才支持（1），科技成果产出（1），粮食生产核心区（1），人才支持（1），本科学校转型（1），企业上市（1），科技企业孵化器（1），高水平研发中心（1），外贸竞争优势（1），开拓国际市场（1），养老服务业（1），完善市场机制（1），食品药品产业发展（1），优化监管环境（1），农民用水（1），农田水利工程（1），经济发展（1），宽带网络建设（1），资本结构（1），综合试验区建设（1），治安防控体系（1）
2015	266	创新驱动发展（9），创业就业（6），科技创新（6），人才培养（5），经济发展（5），电子商务（4），保险业务（4），现代化职业教育（4），高素质劳动者（4），产业聚集区（3），实体经济（3），养老服务业（3），粮食安全（3），财政支持（3），地方政府债券（3），居民消费（3），市场风险（3），就业创业（2），良性互动机制（2），资源配置（2），现代职业教育（2），生产性服务业（2），城乡一体化示范区（2），生态循环农业（2），现代化农业建设（2），养老服务标准（2），三证合一（2），工商营业执照（2），人力资源保障（2），政务信息（1），政务信息基础设施建设（1），区中园建设（1），经济增长点（1），资本市场（1），产业转型升级（1），经济结构调整（1），现代农业建设（1），农业基础设施建设（1），秸秆禁烧（1），整合农机资源（1），职业教育发展（1），养老服务信息平台（1），现代化市场体系（1），人力资源市场（1），粮食生产和流通（1），产业结构调整（1），经济持续发展（1），提升传统产业（1），农民创业创新行动（1），农业产业化集群（1），稳增长保态势（1），研发中心建设（1），

续表

年份	标记次数	发展内容标记情况明细
2015	266	计量发展规划（1），有效投资（1），经济规模（1），电子商务产业园区建设（1），整合人才（1），工业发展（1），审计工作（1），监督制度建设（1），乡村旅游（1），生态农业发展（1），技术技能人才（1），粮食生产（1），高标准农田建设（1），农业试验区（1），农业发展（1），电子政务协调发展（1），电子政务基础框架（1），经济全球化（1），食品产业（1），农产品加工业（1），基础设施建设（1），项目督导考核（1），产业聚集区建设（1），新型工业化（1），预拌砂浆使用（1），监督管理（1），科技创新投入（1），社会研发投入（1），农业经营主体（1），肉牛肉羊产业（1），价格上涨（1），食品农产品出口（1），开放型农业（1），金融工作（1），银行金融机构（1），金融支持（1），资本合作模式（1），社会资本投入（1），经济稳增长（1），资金链（1），外贸增长（1），外贸发展升级转型（1），服务业发展（1），省长责任制（1），企业科技孵化器（1），规范运营管理（1），财政科技计划（1），金融管理（1），工业机器人（1），智能装备产业园（1），专利权（1），质押贷款（1），民营企业（1），企业服务（1），小企业发展（1），企业孵化器（1），公共服务基础建设（1），农业保险发展（1），科技进步（1），农业对外开放（1），农产品安全质量（1），产业链条（1），新能源汽车（1），中原电气谷（1），大学科技园建设（1），产学研合作（1），质量强市（1），核心竞争力（1），农业三项补贴（1），地力保护补贴（1），中央投资项目（1），重大战略（1），人才培养公共服务平台（1），人力资源服务业（1），经济社会发展（1），市场调节（1），现代物流业（1），物流园建设（1），残疾人就业创业（1），民生工程（1），特殊津贴制度（1），专业技术（1），健康服务业（1），基本医疗卫生服务（1），社会办医（1），非公立医疗机构（1），技术装备保险补偿机制（1），创新驱动能力（1），测绘地理信息（1），技术带头人（1），中小企业（1），人才培训（1），小微企业融资（1），资金支持（1），创业示范基地（1），信息网络技术（1），小型微型企业（1），健康发展（1），蓝天工程（1），绿色交通建设（1），交通运输职业教育（1），校企合作（1），创新创业大赛（1），职业院校服务（1），经济转型（1），创业引领计划（1），创业成功交流（1），自主创业成果展（1），职业教育（1），快递服务业（1），人才引进工程（1），"十三五"科技发展规划（1），科技体制改革（1），创业孵化平台建设（1），社会资本（1），技工校园改革创新（1），高质量就业（1），创业投资（1），产业融资（1），投融资公司改革创新（1），产业向投融资（1），移动通信基站建设（1），电信运营公司（1），大数据（1），市场主体服务（1），普通高等学校分类（1），总体思路（1），重点领域（1），投融资机制改革（1），体育产业（1），体育消费（1），粮食产业发展（1），高等教育综合改革（1），社会经济发展能力（1），涉企资金化改革（1），市场资源配置（1），云计算大数据（1），信息化发展（1），网络强省（1），"互联网+"（1），宽带接入业务（1），宽带网络建设（1），知识产权质押融资（1），国际竞争力（1），知识产权（1），小微企业创新发展（1），建筑产业现代化（1），建筑业发展水平（1）

4. 河南省创新驱动府际合作主要发展内容构成

续表

年份	标记次数	发展内容标记情况明细
2016	246	粮食安全保障（6），人才培养（6），科技创新（5），就业创业（5），新能源汽车产业（4），科技兴粮（4），粮食管理（4），就业扶贫（4），电子商务（3），换电设施建设（3），养老服务（3），智慧健康养老（3），返乡入乡（3），创业带动就业（3），体育事业发展（3），创新投资方式（3），脱贫攻坚（2），人才培育（2），互联网+（2），人才激励（2），资金创新管理（2），供给侧结构性改革（2），孵化器建设（2），科技金融服务（2），加工贸易（2），创新驱动，创新金融服务（2），重点扶持企业（2），中小微企业发展（2），体育产业（2），国有企业改革（2），运动休闲业（2），体育健身服务（2），高等学校建设（2），财政投入（2），科研基础设施（1），科研仪器开放共享（1），美育工作（1），改革创新（1），科技平台建设（1），科学化管理（1），金融服务平台建设（1），粮食产销合作（1），粮食安全（1），大学生创业活动（1），创业引领计划（1），"互联网+人社"（1），先进技术融合（1），专家服务基层（1），专业技术人才（1），高级经济师（1），非公有制经济（1），金融租赁（1），资金使用效率（1），新消费引领（1），健康消费（1），地理信息产业（1），地理信息基础设施建设（1），国际贸易（1），"单一窗口"（1），实名信息（1），信息互联互通（1），老年人体育工作（1），人才支撑（1），创新创业教育改革（1），教育规律（1），科技成果（1），科技成果转化（1），大中型工业企业（1），大众创业万众创新（1），资源枯竭（1），城市转型（1），检验检测机构（1），资源整合（1），科学技术奖励（1），科教兴豫（1），煤炭行业解困（1），买卖合作协议（1），重大科研基础设施（1），创新驱动发展战略（1），矿产资源深化改革（1），企业资源整合（1），居民便利消费（1），商贸物流标准化（1），商贸物流运作（1），宽带中原（1），宽带提速降费（1），社会主义新农村（1），和谐劳动关系（1），劳动者利益诉求（1），创新驱动发展（1），创新体系改善（1），自主创新示范区（1），科技水平（1），农业现代化（1），全面小康（1），普法教育（1），深化改革（1），文明建设工作（1），教育系统（1），专业人才培养（1），建筑业发展（1），资金支持（1），对外经贸（1），品牌建设（1），政策措施（1），财政税收政策（1），金融债券发行（1），政府债券发行（1），金融业发展（1），移动通信（1），移动互联网（1），气象发展（1），气象服务创新平台（1），国有资产监管（1），股权改革（1），产链融合（1），创新驱动升级（1），知识产权审判（1），制造业创新（1），新能源汽车发展（1），体育领域改革创新（1），创业就业（1），科技人才培养（1），经济体制改革（1），平台经济发展（1），退出过剩产能（1），兼并重组（1），创新基金管理（1），加强监管（1），企业创新发展（1），创新创业（1），构建动态考核（1），知识产权服务业（1），知识产权保护（1），农业经营（1），农业创新创业（1），经贸融资（1），法人治理结构改革（1），金融知识国民教育（1），知识普及评估反馈机制（1），工业结构调整（1），工业转型升级（1），自由贸易试验区（1），贸易流通创新（1），生物医药发展（1），产业投资（1），创新市场监管模式（1），公共服务平台建设（1），创新体育场馆（1），创业投资机制完善（1），政府采购（1），专项资金管理（1），金融工具创新（1），简政放权（1），特殊群体创业就业（1），供销制度改革（1），创新为农服务方式（1），考核评价机制（1），业务培训（1），数字城市（1），

续表

年份	标记次数	发展内容标记情况明细
2016	246	数字经济发展（1），财政支持（1），社会保险（1），社会保障体系（1），大数据技术创新（1），大数据中心建设（1），开展法治宣传（1），行政考核制度（1），节能产业发展（1），可持续发展（1），污水处理（1），水利发展（1），监督管理（1），企业品牌建设（1），创新监督方式（1），交通运输业发展（1），交通强国（1），智能电网（1），集成电路产业（1），骨干教师培养（1）
2017	144	科技创新（6），创业就业（5），人才培养（4），创新驱动发展（4），管理创新（3），预算管理（3），创新创业（3），实体经济发展（3），创新人才（3），新兴产业发展（2），人才队伍建设（2），就业服务（2），科技创新展示（2），"放管服"改革（2），专项资金管理（2），科技创新人才支持（2），科技外事（2），供给侧改革（1），创新动能发展（1），自由贸易试验区（1），道路发展（1），综合交通运输（1），创新铁路发展（1），高新技术人才培育（1），大众创业（1），学校建设（1），技术规范（1），制造业创新中心（1），转型发展（1），食品安全（1），气象发展（1），气象服务创新平台（1），气象现代化（1），灾害监测预警（1），农村科技创业（1），农业技术服务体系（1），农村信息化建设（1），自主创新（1），工业改革（1），工业绿色发展（1），服务业改革（1），服务业发展（1），装备制造业（1），技术市场管理（1），制造业基地建设（1），人才区域流动（1），示范城市建设（1），品牌建设（1），科学技术管理（1），科学中心建设（1），创新资源（1），农业科技创新（1），创新平台建设（1），科技成果转移（1），大数据发展（1），大数据技术（1），供给侧结构性改革（1），制造业创新发展（1），证券发行管理（1），科技创新中心建设（1），创业风投企业发展（1），奖励机制（1），消费者权益（1），供给结构创新（1），资金支持（1），住房制度改革（1），金融支持（1），引进创新创业人才（1），投资融资体系（1），金融债券发行（1），主题科普（1），素质教育（1），科技企业孵化器（1），人才引育（1），新能源产业（1），中医养生保健（1），医疗保健（1），基础设施建设（1），可再生能源（1），国土资源（1），交通运输业发展（1），创新考核机制（1），高等教育（1），创新型人才队伍（1），教育人才发展（1），高等学校创新创业（1），科技创新合作（1），人才评选（1），科技创新人才计划（1），企业表彰（1），科技支持（1），科技创新人才（1），科技创新创业（1），创新型科技人才（1），创新创业服务（1），深化改革（1），绿色生态（1），创新引领型人才（1），管理体制改革（1），人才发展（1），社会服务产业（1），社会保障体系（1），农业供给侧改革（1），农业农村发展（1），信息网络建设（1），信息基础设施（1），金融服务（1），中医药发展（1），中医管理（1），监督管理（1），大数据产业（1）

4. 河南省创新驱动府际合作主要发展内容构成

续表

年份	标记次数	发展内容标记情况明细
2018	101	创新驱动发展（5），人才培养（5），赛事评选（3），科技创新展示（3），就业创业（3），人才激励（3），交通运输业发展（3），人才兴粮（2），信息服务（2），制造业创新（2），实体经济发展（2），农业供给侧改革（2），农业农村发展（2），预算管理（2），考核评价（2），科技创新（2），科技外事（2），种业发展（1），财政科技（1），知识产权创造运用（1），知识产权培育（1），基础设施建设（1），科技金融（1），信用约束机制（1），市场准入（1），科技金融支持（1），科技类投资基金（1），现代服务（1），互联网+（1），城市建设（1），示范城市建设（1），创新引领发展（1），品牌建设（1），创新产业政策（1），知识产权质押贷（1），科技金融服务（1），人才引育（1），金融服务（1），教育改革（1），教育教学创新（1），创新人才团队引育（1），创新引领型企业（1），中医药发展（1），中医管理（1），科技进步奖励（1），供给结构创新（1），食品安全（1），食品行业发展（1），质量公共服务（1），科技成果转化（1），资金支持（1），人才引进（1），高等教育（1），人才培育（1），创新团队引进（1），节能减排（1），共享经济发展（1），人才流动（1），企业登记管理（1），示范工程（1），科技企业孵化器（1），脱贫攻坚（1），粮食收储（1），科技兴粮（1），"一带一路"（1），科技成果鉴定（1），国际科技创新（1），人才管理（1），创新基地建设（1），创业孵化示范基地（1），人工智能（1），招商引资（1），知识产权运用和保护（1）
2019	88	创新驱动发展（7），科技创新（5），人才培养（4），人才引进（4），创业就业（3），基础设施建设（3），创新人才（3），深化改革（3），信贷支持（2），赛事评选（2），创新污染防治方式（2），科技创新展示（2），知识产权保护（2），科技创新（2），资金支持（2），实体经济发展（2），创新平台建设（2），信息服务（1），制度改革（1），教育改革（1），人才培养（1），评定考核（1），预算管理（1），农业创新发展（1），科技企业孵化器（1），创新合作模式（1），国际合作（1），科技体制改革（1），电子商务（1），创新改革（1），新能源发展（1），地理信息产业发展（1），信息网络建设（1），制造产业发展（1），创新制造模式（1），政府采购（1），标准化建设（1），自由贸易试点（1），科学技术人才引育（1），知识产权运用（1），创新引领发展（1），新兴产业发展（1），光电产业（1），食品安全（1），食品行业发展（1），人才激励（1），金融服务（1），智能产业（1），创新激励（1），人才体制改革（1），检查监督（1），农业供给侧改革（1），农业农村发展（1），现代农业（1），科技人才支持（1）
2020	61	人才培养（8），创业就业（6），科技创新（4），专项资金管理（4），预算管理（3），人才引进（3），人才发展（2），金融支持（2），自然资源科技（2），互联网+（2），基础设施（1），基础设施建设（1），深化改革（1），职业技能培训（1），经济体制改革（1），信息共享（1），行政体制改革（1），互联网+（1），人才激励（1），赛事评选（1），财政税收（1），生态环境保护（1），外贸发展（1），创新文化（1），革命区保护（1），创新驱动发展（1），城市建设（1），科技外事（1），人工智能（1），医疗人才培养（1），技术研发（1），资金支持（1），财政支持（1），知识产权保护（1），人才培养（1）

续表

年份	标记次数	发展内容标记情况明细
2021	109	管理创新（11），科技创新（6），创业就业（4），创新驱动发展（4），人才培养（4），黄河流域生态保护（3），预算管理（3），人才培养（2），政府采购（2），基础教育（2），人才培育（2），教育综合（2），科技综合（2），科技人才培养（2），资金投入（2），城市规划（2），乡村振兴（2），资金拨付（1），创新法规管制（1），文物保护（1），人才支撑（1），国民经济发展（1），城市开发（1），财政支持（1），创新人才（1），中小微企业发展（1），互联网+医疗（1），医疗人才培养（1），铁路发展（1），人才发展（1），食品行业发展（1），考核评估标准（1），创新培育模式（1），信息化建设（1），创新财政科技（1），基础设施建设（1），财政税收政策（1），知识产权保护（1），信息资源共享（1），技术技能人才（1），自然资源保护（1），信息平台建设（1），自由贸易试点（1），绿色产品消费（1），专项资金（1），科学研究（1），人工智能（1），绿色技术（1），改革创新（1），科技人员（1），监督管理（1），科技监管（1），文化交流（1），卫生综合（1），医疗服务（1），护林防火（1），营商环境优化（1），开发建设（1），生态建设（1），科技支持（1），信息共享（1），农业现代化（1），金融支持（1），商务贸易（1），融资支持（1），新型城镇化发展（1），水利发展（1），医学教育（1），自然保护（1），区域经济（1），科技特派员（1）
2022	186	创新驱动发展（14），科技创新（12），人才引进（9），创业就业（9），管理创新（5），信贷支持（5），政府采购（5），基础设施建设（5），人才培养（5），对外贸易（3），考核评估标准（3），金融支持（3），绿色科技（2），科技金融（2），信息服务网建设（2），创新考核评估标准（2），监督管理类（2），创新人才培养（2），科技支持（2），农业发展（2），人才激励（2），融资管理（2），农业农村发展（2），创新团队培养（2），监督管理（2），政策创新（2），创新管理方式（2），智慧能源（1），气象工作（1），专项规划（1），资金管理（1），贸易发展（1），市场监管（1），医疗人才培养（1），健康产业（1），技术人才培养（1），机制改革创新（1），旅游业发展（1），养殖场机械化（1），信息共享（1），城镇化发展（1），创新融资管理（1），专利发展（1），财政税收优惠政策（1），建立财政性建设资金（1），智慧电网（1），服务业发展（1），建设海外仓（1），创新奖励资金管理（1），资金奖励（1），金融产品（1），科技企业孵化器（1），医疗资源（1），知识产权质押（1），离岸创新创业基地（1），融资支持（1），公共服务（1），金融环境（1），资金奖补（1），国际科技合作基地（1），创新基地建设（1），创新合作机制（1），现代物流运行体系（1），跨境贸易（1），专项资金（1），科技贷（1），科技贷款（1），建设国际贸易总部（1），创新服务模式（1），养殖基础设施和装备（1），建立海外仓（1），信息化建设（1），高速公路互通布局（1），农业财政金融制度（1），创新生态建设（1），金融支农服务创新（1），创新工程（1），新型技术创新（1），知识产权创造保护（1），新能源行业（1），油品输送网络（1），自由贸易试点（1），新能源汽车发展（1），互联网+（1），资金投入（1），医疗服务（1），高新技术产业发展（1），服务平台建设（1），加大财政支持（1），考核评价（1），示范项目（1），人才政策体系（1），科技人才支持（1），人才补贴（1），重大工程（1），合作（1），信息服务（1），医学教育（1），营商环境优化（1），创新考核机制（1），统筹财政资金（1），壮大文物人才队伍（1），科研基地建设（1），水利发展（1），科技金融人才库建设（1）

4. 河南省创新驱动府际合作主要发展内容构成

续表

年份	标记次数	发展内容标记情况明细
2023	41	科技创新（4），就业创业（4），交通运输业发展（3），人才培养（3），创新驱动发展（2），科技人才支持（2），动态考核机制（1），专项资金管理（1），人才引进（1），公共服务平台建设（1），知识产权保护（1），金融服务（1），人才发展（1），国有资产监管（1），数字经济发展（1），新兴产业发展（1），科技财政创新（1），信息服务网建设（1），自然资源保护（1），政府采购（1），检测管理（1），考核评估标准（1），人才工程（1），创新团队培养（1），教育教学创新（1），基础设施建设（1），科技成果转化（1），高新技术产业发展（1），实体经济发展（1）

4.3.2 创新驱动府际合作主要发展内容的年度重点分布

为了清晰地体现出创新驱动府际合作发展的重点和走向，将样本区间年份标记次数最多的前五个创新驱动发展内容分别归纳汇总，汇总结果见表 4-6。

由表 4-6 可知：（1）在发展内容年度分布中，人才培养在 2012—2021 年和 2023 年标记次数较多，只在 2022 年退出前五，表明了河南省各级政府充分重视创新人才的培养，人是创新的根本，是创新的核心要素，创新驱动实质上是人才驱动。除 2018 年外，科技创新均在前五之列，这表明改革开放以来，河南省尤其重视科技创新。（2）从创新驱动发展政策文本的重点发展内容来看，在 2012 年和 2013 年，创新发展主要从人才开始入手，因为人才和创新创业是创新驱动的关键步骤。（3）在发展内容年度分布中，标记次数最多的是 2015 年。从 2015 年之后，发展内容开始多样化，包含活动赛事、管理制度改革和交通运输业发展等，这表明创新驱动府际合作主要发展内容于 2015 年达到一个巅峰，而自 2015 年后，发展内容逐步转向细微化，创新驱动府际合作主要发展内容开始涉及社会的各个行业。（4）2016 年最受关注的发展内容为粮食安全保障，并且在表中仅出现一次，说明 2016 年粮食安全保障是河南省关注的重点内容。党的十八大以来，习近平总书记多次指出粮食和"三农"对于河南省的重要作用，特别提出"粮食生产是河南的一大优势，也是河南的一张王牌，这张王牌任何时候都不能丢"。2016 年，河南省委也明确指出要突出发展优质小麦，促进粮食绿色高产高效，承担好保障国家粮食安全的政治责任。故粮食安全保障于 2016 年成为河南省及各地市政府最受关注的创新驱动发展内容。

表 4－6　　最受关注的创新驱动发展内容年度分布

年份	内容1（频数）	内容2（频数）	内容3（频数）	内容4（频数）	内容5（频数）
2012	人才培养（6）	创业就业（4）	科技创新（3）	管理创新（3）	创新驱动发展（2）
2013	人才培养（4）	创业就业（4）	专项基金管理（4）	科技创新（3）	研发中心建设（3）
2014	就业创业（5）	蓝天工程（3）	创新驱动发展（2）	人才培养（2）	科技创新（2）
2015	创新驱动发展（9）	创业就业（6）	科技创新（6）	人才培养（5）	经济发展（5）
2016	粮食安全保障（6）	人才培养（6）	科技创新（5）	就业创业（5）	新能源汽车产业（4）
2017	科技创新（6）	创业就业（5）	人才培养（4）	创新驱动发展（4）	管理创新（3）
2018	创新驱动发展（5）	人才培养（5）	赛事评选（3）	科技展示（3）	就业创业（3）
2019	创新驱动发展（7）	科技创新（5）	人才培养（4）	人才引进（4）	就业创业（3）
2020	人才培养（8）	创业就业（6）	科技创新（4）	专项资金管理（4）	预算管理（3）
2021	管理创新（11）	科技创新（6）	从业就业（4）	人才引进（4）	人才培养（4）
2022	创新驱动发展（14）	科技创新（12）	人才引进（9）	创业就业（9）	管理创新（5）
2023	科技创新（4）	就业创业（4）	交通运输业发展（3）	人才培养（3）	创新驱动发展（2）

4.4　本章小结

河南省创新驱动府际合作的政策内容体系呈现出明显的动态演进特征，这种演进既遵循创新驱动发展的一般规律，又体现出鲜明的地方特色。通过对政策文本的深度挖掘和主题词分析，本书发现过去十余年政策内容经历了从单点

4. 河南省创新驱动府际合作主要发展内容构成

突破到系统构建的完整转型过程。2012—2015 年的起步阶段，政策内容高度集中在科技创新基础设施建设领域，"重点实验室""工程技术中心"等成为最高频词汇，年均出现次数达 156 次，这反映出该时期的工作重点在于打造创新硬环境。2016—2020 年的深化阶段，政策关注点显著拓宽，"科技型中小企业""孵化器""成果转化"等关键词频次快速上升，表明创新政策开始向创新主体培育和创新生态构建延伸。2021 年以来的提升阶段，政策内容进一步向多元化、精细化方向发展，"数字经济""绿色创新"等新兴议题的提及率年均增长达 42%，显示出政策体系与时俱进的适应能力。

从内容构成的宏观架构来看，科技创新、产业升级和人才发展构成了政策体系的三大支柱，三者合计占比超过 74%。其中科技创新类政策占比最高（32%），主要包括研发投入、平台建设、技术攻关等方面；产业升级类政策占 24%，重点支持传统产业改造和新兴产业培育；人才类政策占 18%，涵盖引进、培养、激励等多个环节。这种"铁三角"结构总体上符合创新驱动发展的内在要求，但配套政策的短板也不容忽视：金融支持类政策仅占 9%，科技金融产品和服务创新明显不足；营商环境类政策占 7%，知识产权保护和创新容错等关键环节亟待加强。这种结构性失衡在一定程度上制约了创新生态的整体效能，导致河南省创新指数排名长期徘徊在全国中游水平。

空间维度分析揭示了政策内容鲜明的区域差异化特征。郑州市作为国家中心城市，其政策内容突出"基础研究"和"源头创新"，2021 年出台的《郑州市建设国家创新高地行动计划》中"重大科技基础设施"提及次数达 23 次，远高于其他地市。洛阳市立足装备制造业优势，政策聚焦"智能制造"和"军民融合"，相关关键词占比达 31%。豫东南农业地区则形成了特色鲜明的政策取向，周口市的政策文本中"农业科技创新"出现频率是全省平均水平的 2.3 倍，驻马店市"农产品精深加工"的提及率较 2015 年增长了 175%。这种差异化定位一方面体现了各地资源禀赋和发展阶段的客观差异，另一方面也反映出政策制定的精准性正在提升。但值得警惕的是，2018 年以来各地政策内容的同质化趋势有所增强，特别是在数字经济、生物医药等热点领域，超过 60% 的地市在政策文本中将其列为重点发展方向，这种一哄而上的现象可能导致创新资源的低效配置和重复建设。

政策主体的专业背景和职能定位对政策内容产生了深刻影响。科技部门主导的政策更强调基础研究和关键技术攻关，在 93 份科技厅发文中，"核心技术""卡脖子"等词汇出现频率高达 1.2 次/千字；工信部门则侧重产业技术创新和数字化转型，其政策文本中"智能化改造""工业互联网"等关键词占比明显高于其他部门；发改部门的政策更具系统性和综合性，"创新生态""体制机制"等宏观概念的出现频率是部门平均水平的 1.8 倍。这种专业分工既带来了政策视角的多元互补，也容易造成政策体系的碎片化。以智能制造发展为例，科技厅关注技术研发，工信厅负责应用推广，而发改委统筹产业布局，各部门政策如不能有机衔接，就难以形成完整的创新链条。

从政策工具的运用来看，不同类型的内容侧重存在明显差异。科技创新类政策主要运用供给型工具（占比 58%），如设立重大科技专项、建设研发平台等；产业创新类政策更多采用环境型工具（53%），包括税收优惠、标准制定等；而人才政策则倾向于需求型工具（41%），如提供安家补贴、解决子女入学等。这种工具选择差异反映了政策制定者对不同创新环节特性的认知，但也暴露出工具使用不够灵活的问题。特别是在科技成果转化领域，过度依赖供给型工具（如转化资金支持）而忽视需求拉动（如创新采购）的做法，导致转化效率长期偏低。数据显示，河南省科技成果转化率仅为 35%，低于全国平均水平。

国际比较研究发现，河南省创新政策内容体系与创新驱动发展阶段基本吻合，但在前瞻性和系统性方面仍有提升空间。对照《欧洲创新记分牌》的评价框架，河南省在创新投入方面的政策强度已达到中等偏上水平，但在创新产出和创新影响方面的政策引导相对薄弱。借鉴深圳等先进地区的经验，建议从三个方面优化政策内容体系：一是加强产业创新与科技创新的有机衔接，建立"基础研究+技术攻关+成果产业化"的全链条支持机制；二是完善创新生态的配套政策，特别是在科技金融、知识产权等领域实现突破；三是建立政策内容的动态评估和调整机制，确保政策体系始终与创新需求保持同步。这些改进将有助于构建更加完善、高效的创新政策内容体系，为河南省创新驱动发展提供更有力的支撑。

5.河南省创新驱动政策工具使用分析

5.1 政策工具分类及使用

5.1.1 政策工具分类

政策是政府通过对各种政策工具的设计、组织搭配及运用而形成的。政策工具是达成政策目标的手段。政策工具的选择、设计和使用是政策得以快速有序推进的重要前提，合适、恰当、精准的政策工具可以加快政策的推行与落实。而以一定的标准和目标为依据，对政策工具类型做出合理划分，是研究政策工具组合、分析政策工具演化的前提和基础。因此，本书在借鉴 Rothwell 和 Zegveld 划分方法的基础上[①]，结合河南省创新驱动的实际情况，将政策工具划分为供给型、环境型和需求型政策工具。这种分类方式能更好地揭示公共政策在推行过程中带来的影响和作用，促进公共政策的实行。供给型政策工具通常指政府通过支持人才、信息、技术、资金等，直接扩大创新要素的供给，推动科技创新与产品开发，可以细分为人力资源保障、信息服务、基础设施建设；需求型政策工具指政府通过服务外包和贸易管制等措施，减少产业发展可能存在的阻碍因素，积极开拓并稳定产品市场，具体可以分为政府采购、服务外包、贸易管制和国际合作四个方面。环境型政策工具指政府通过法律管制、金融支持、税收优惠等政策影响创新驱动的环境因素，为创新驱动提供有利的政策环境，可细分为目标规划、标准规范、金融支持、知识产权保护等几方面。通过对政策文本进行政策工具维度的编码统计，将基本政策工具分为三大类十七小类。划分方法及使用基本情况如表 5-1、表 5-2 所示。

---

① Rothwell R, Zegveld W. Reindusdalization and technology [M]. Logman Group Limited, 1985: 83-104.

表 5-1　　河南省创新驱动政策工具分类及含义

工具类型	政策工具名称	含义
供给型	人力资源保障	建立健全完善的职业教育和职业培训体系，引进高端人才，为各行业创新提供人才保障
	信息服务	建设公共服务平台等服务载体，鼓励信息交流共享
	科技支持	通过直接或间接引进新技术促进创新发展，建立实验室、科研机构和高校之间的联合
	社会公共服务	产业联盟等社会组织积极参与基础技术研究、制定行业创新标准、构建创新行业发展规范
	基础设施建设	提供相关基础设施推动创新，包括建立产业基地与产业孵化器
	资金投入	政府以财政拨款、专项资金、扶持基金等形式提供支持
需求型	国际合作	加强国际间交流合作，具体包括搭建全球化平台、引进国外先进技术等
	贸易管制	通过进出口贸易来刺激需求，具体包括制定产品关税优惠政策、货币汇率调节等
	服务外包	以外包形式为创新驱动府际合作提供相关配套的服务设施，具体包括信息、技术等的开发、维护和创新
	政府采购	政府或组织购买产业相关技术产品、服务等，具体包括公营事业采购、采购合同等
环境型	法规管制	强化部门立法，完善规章制度，优化法治措施
	知识产权保护	加强对知识产权和技术的保护，包括 IP 保护、商标专利等
	行政组织领导	建立领导小组或专门的组织，统一规划
	金融支持	提供贷款、保险等优惠服务，促进行业创新发展，具体包括拓宽融资渠道、鼓励风险投资等
	税收优惠	赋予相关企业部门税收减免、税收抵扣、降低税率等服务以引导相关部门发展创新
	目标规划	对创新的产业部门进行整体性布局的规划和引导，加强技术发展规划和落实策略性措施等
	标准规范	实施标准引领工程，提出产品质量、技术标准等规范，发挥产业标准对推动技术进步、加强行业指导、引领产业升级的先导性作用

表 5-2 河南省创新驱动政策文本的政策工具使用情况

工具类型	工具名称	使用次数	小类占比	合计	大类占比
供给型	基础设施建设	338	14.86%	1408	61.92%
	信息服务	316	13.90%		
	人力资源保障	277	12.18%		
	科技支持	256	11.26%		
	社会公共服务	141	6.2%		
	资金投入	80	3.52%		
需求型	国际合作	84	3.7%	124	5.45%
	政府采购	23	1.01%		
	服务外包	11	0.48%		
	贸易管制	6	0.26%		
环境型	法规管制	205	9.01%	742	32.63%
	金融支持	205	9.01%		
	税收优惠	74	3.25%		
	标准规范	73	3.21%		
	目标规划	70	3.08%		
	知识产权保护	69	3.03%		
	行政组织领导	46	2.02%		
合计		—	2274	—	2274	100%

5.1.2 政策工具使用情况

经过对844份文本进行编码统计与分析,得出基本的政策工具使用情况如表5-2所示。供给型、需求型和环境型政策工具共使用2274次,供给型政策工具使用次数最多,共使用1408次,占总量的六成以上。其次是环境型政策工具,一共使用了742次,占比32.63%。使用次数最少的是需求型政策工具,共使用了124次,占总量的5.45%。通过分析发现供给型政策工具的使用次数占比过半,在这三类政策工具的使用总量中占据了主要地位,且三类政策工的使用次数差别显著。

通过对各类型政策工具使用情况统计分析后可以发现，供给型政策工具使用频次占比过半，其中最常见的是"基础设施建设"和"信息服务"，位列第三、第四的分别是"人力资源保障"和"科技支持"，使用次数最少的则是"社会公共服务"和"资金投入"，两个占比相加不足一成。结合政策文本内容分析，"基础设施建设"主要是通过加快建立产业基础设施，例如建设创新企业孵化器、建立科学实验室和研究中心等，促进产业创新，在供给侧为产业的创新驱动提供保障。"信息服务"则是建立信息交流平台，通过合作交流、信息互享、推广宣传、借鉴经验等来提升产业部门的创新驱动能力，实现政策效益最大化。这些政策工具的使用体现了在新发展理念的引导下，河南省各级政府高度重视建立基础性设施来促进产业的创新和优化，充分利用产业园、科研中心和企业孵化器等研发基地来为实施创新驱动政策提供基础保障，同时进一步加强政府间的信息交流合作，改善人才结构，提高科技成果转化与产业化水平。但是对于创新驱动所需的资金投入、社会公共服务建设等领域的重视程度仍需要提高。

同时从统计文本中得出，环境型政策使用率较低，需求型政策工具使用次数较少。在环境型政策工具中，使用较常见的为"金融支持"和"法规管制"，占政策工具总量的9.01%。通过政策文本分析可以发现，河南省各级政府在创新驱动发展过程中较为注重推行一系列融资支持、贷款支持或者拓宽融资渠道等政策以引导产业创新研发，通过制定相关法规以及减税、免税等税收优惠活动来营造河南省创新驱动的良好环境氛围。然而需求型政策工具类型只有四种，且使用次数整体较少，一定程度上抑制了其他社会力量参与到创新活动中去，从而影响新兴产品产业市场的拓展和政府部门府际合作的效果。

综上所述，可以得出三点结论：（1）河南省各级政府推动创新驱动的政策工具类型种类丰富，供给型、环境型和需求型三类政策工具都有涉及。但是三类政策工具的使用较不均衡，各类型政策工具使用占比差别较大。河南省各级政府推动创新驱动的政策呈现出政策直接推动力较强，环境支撑力适中，需求拉力有待加强的状态，河南省各级政府倾向于使用供给型政策工具，通过政府进行自上而下的调控,从根本上提供人力、物力和财力等支持来促进创新驱动。河南省各级政府需要更有针对性地优化政策工具使用体系,从而实现政策工具使用的多元化和均衡化。

(2) 在环境型政策工具的使用中,河南省各级政府趋向于通过法律法规来规范产业的创新发展,同时通过融资贷款等措施来刺激产业创新热情,打造一个更有利于政策推行的外部市场环境。河南省各级政府始终充当着一个支持者的角色,通过多样化使用环境型政策工具来构建河南省创新驱动的良好环境。但需要注意的是,河南省各级政府对于创新产业的整体性布局和规划、策略性措施的出台、专项小组的建立等政策重视度和政策支持度有待进一步提高。

(3) 需求型政策工具使用量占比最少,且只有四个细分政策工具,种类较为单一。河南省各级政府多次使用"国际合作"这一需求型政策工具,为合作企业提供国际间相互交流合作的学习机会和沟通平台。由此得出,在扩大需求方面政府对于各产业的支持主要是通过帮助设立全球化平台、建立产业国外分支和加强人才交流合作等路径实现。但是从需求型政策工具的使用情况来看,"服务外包"和"贸易管制"使用次数极少。"服务外包"政策工具的使用缺失会导致产业在创新发展过程中缺乏相应的先进经验和指导理论,不利于产业的长远发展。同时"贸易管制"会导致创新产业的竞争力下降,一定程度上影响创新成果转化和产品市场拓展。

5.2 政策工具三维分析

5.2.1 政策工具三维分析框架

政策工具作为政策研究的一种有效途径,是政策分析过程中在工具层面的发展和深化。但仅研究政策工具,只能反映政策发挥作用的手段,并不能显示政策的作用客体和目的。因此,为了全面探究河南省各级政府在推动创新驱动中制定的公共政策针对哪些对象、作用哪些产业,结合政策工具的基本理论,本小节建立了以政策工具为主线,以政策工具作用客体和产业类型为辅线的有关创新驱动政策文本的三维分析框架,如图 5-1 所示。其中 X 轴为政策工具维度,包括供给型、需求型和环境型;Y 轴为创新驱动主体,包括政府、社会组织、个人;Z 轴为作用产业类型,包括第一产业、第二产业、第三产业,进而从多维度分析河南省创新驱动,深层次把握在创新驱动中政策工具的运用特点、作用途径以及作用方式。

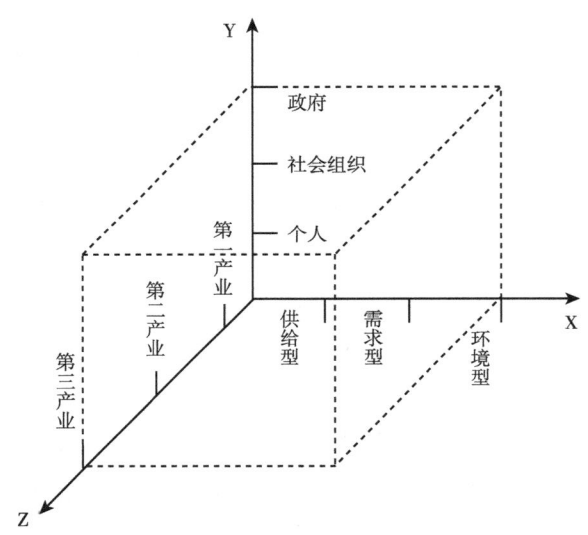

图 5-1　河南省各级政府创新政策工具三维图

5.2.2　政策工具三维分析

(1) 政策工具维度(X 维度)

政策工具是政府为了达成政策目标而采用的手段和措施,是连接政策目标和实施效果的纽带。本书在借鉴 Rothwell 和 Zegveld 政策工具分类方式的基础上,结合河南省创新驱动政策的主题,将基本政策工具分为三大类十七个小类,并以此作为分析河南省创新驱动发展政策文本中的 X 维度,如表 5-2 所示。

(2) 创新驱动主体维度（Y 维度）

公共政策适用客体的确定有利于加强政策的针对性，针对不同的创新驱动主体使用特定类型的政策有助于大幅度地提高政策的施行效果。通过对河南省创新驱动政策内容的解构剖析，按照创新驱动主体（Y 维度）的类型，分门别类进行量化统计分析，最终得出了研究样本中对创新驱动主体适用政策条款数量和占比分布情况，首先是政府部门，其次是社会组织，最后是作用于个人，如图 5－2 所示。

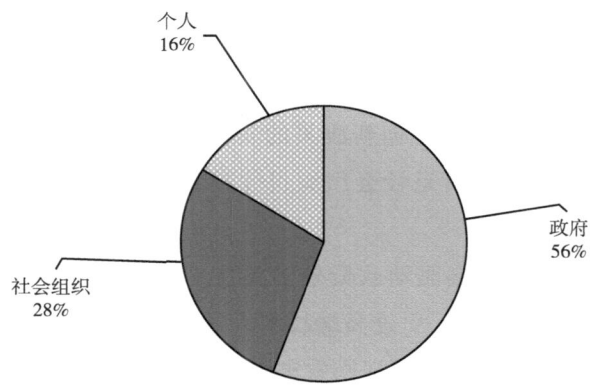

图 5－2 创新驱动政策作用主体分布

统计结果显示，河南省各级政府在支持和引导创新驱动发展过程中发挥着关键作用。从政策内容上看，主要通过成立行政领导小组、建立健全法律法规、发展设定行业创新标准规范、完善各方面激励措施等有效优化创新驱动政策环境，激发市场活力，发挥导向作用，推进创新驱动政策的有序落地。在社会组织方面，政府更关注企业及高校、科研机构等群体，一方面，政府利用社会公共服务和科技支持等政策工具推动创新企业将技术运用成果及时转化为经济和社会效益，另一方面，以资金投入等措施鼓励高校和科研机构研究开发新技术、新工艺、新设备，不断引导多主体协同参与创新驱动府际合作。在个人这一创新驱动主体中，河南省各级政府在制定施行的创新驱动政策中更多提及加快高端科技人才的引进、提供更加全面的人才培养体系等内容，体现了河南省深入实施人才强省战略，坚持"人才是第一资源",不断优化人才队伍结构,为河南省创新驱动发展战略提供人才支撑。

结合政策文本内容分析,可以得出以下结论:①创新驱动政策所针对的主体较为全面但有所侧重,涉及政府(宏观)、社会组织(中观)及个人(微观)三个不同层面,政府相关活动尤其突出。政府主要通过自上而下地发挥创新驱动政策的指引性、战略性指挥棒作用,营造良好的环境来促进创新驱动发展,采用策略性措施来引导各行业创新驱动,促进各方协调合作,从而达到政策高效运行的目的。

②社会组织更多地关注于创新驱动的信息网络构建、信息合作共享以及基础融资和借贷渠道拓宽等方面。社会组织是信息平台搭建的主体,信息交流与共享能加速技术产品、服务等创新成果的实际转化。在金融方面的关注度较高,主要是由于资金的运转是社会组织得以持续发展和实施创新驱动的根本动力。

③针对个人层面,创新驱动政策较多关注"高端人才的引进"以及"健全人才培养制度"。一方面,引进高端技术人才就等同于引进了先进的信息技术及经验,关注高端人才体现了河南省牢固确立人才引领发展的战略地位,着力夯实创新人才发展基础;另一方面,建立健全人才培养制度与体系也强调了河南省各级政府在创新驱动政策中重视对全面人才的培养与支持,重点优化河南省人才结构,提高人才服务保障水平。

(3)产业类型维度(Z维度)

通过对创新驱动政策内容的剖析,根据河南省各级政府创新驱动政策分析框架中作用产业类型(Z维度)的类目进行统计分析,剔除掉一些没有确切显示作用于某一类产业或某种具体行业的政策,得出样本中创新驱动政策着重支持的三类产业分布情况,如图5-3所示。在河南省创新驱动政策实施过程中,政策主要作用于第三产业,政府对第三产业的支持力度相对较大,相关政策文本数量占比超过80%,第一产业和第二产业的创新驱动政策数量相加不足12%。因此,相较于第一、第二产业而言,第三产业在河南省创新驱动中处于优势地位。

5. 河南省创新驱动政策工具使用分析

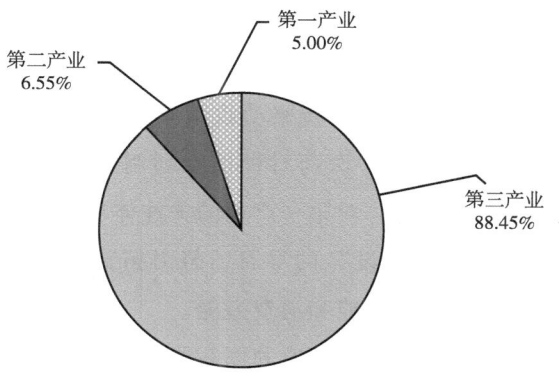

图 5-3 创新驱动政策作用产业类型分布

从统计结果中可以得知，在河南省各级政府支持创新驱动发展政策中，对第三产业较为重视，创新驱动政策在第三产业较为集中，占比达到 88.45%，与此形成对比的是第一、第二产业，获得的创新驱动政策支持相对不足，这与河南省经济发展阶段有着极大的关系。经过改革开放四十多年的发展，河南省经济社会发展情况发生巨大改变。第三产业在河南省生产总值中的占比持续上升，特别是服务、金融、信息、广告等新兴产业。同时在创新驱动政策的实施过程中，河南省各级政府比较重视第三产业发展，从而呈现出第三产业政策数量较多，而第一、第二产业政策数量较少的特点。结合创新驱动政策的具体内容来看，在第一产业中，涉及"农业"和"种植业"的政策数量较多，而"养殖业，畜牧业和林业"的相关政策数量则是较少的。在第二产业中，有关"农产品加工业，建造业"的相关政策数量较多。在第三产业的创新驱动政策中大量出现与金融业、教育业、信息业和广告业等相关内容，占比超过第三产业政策数量总数的一半。

结合政策文本内容分析可以得到以下结论。

①河南省各级政府在推行创新驱动政策时涉及全部三种产业类型，其中最为关注的是第三产业。这一特点与河南省内经济发展阶段有关。从政策作用的细分产业内容来看，大多为金融、教育和科技服务等新兴产业。由此可以分析得出，为了推动科技和金融的融合发展，促进科技创新引领产业的升级转变，推动各类产业实现协同创新。政府在金融、科技服务方面出台大量创新驱动政

策，为河南省经济发展提供动力引擎。

②第一产业的政策重点在于"农业"和"种植业"，体现了河南省作为农业大省的经济发展特点。再结合创新驱动政策具体内容来看，大量与"种植业"相关的政策都涉及河南省中医药材种植规划制定和生产技术推广，加快中医药材规范化种植基地建设。对第一产业的关注体现了河南省积极响应国家关于"推进农业农村现代化建设"的号召，努力拓宽现代化发展空间，为河南省经济发展创造巨大的发展动能和消费潜能。

③对于第二产业，河南省各级政府的创新驱动政策重点支持制造业和农产品加工。由于制造业是我国解决劳动力就业的主要途径，因此作为人口大省，河南省政府一直保持高度关注。同时坚持以工业化思维发展农产品加工业，以区位优势和资源禀赋为基础，聚焦在农产品精深加工、延伸产业链条，推动农产品加工业转型升级，促进河南省经济高质量发展。综上所述，河南省制定实施的创新驱动政策涉及的产业类型全面多样而且顺应了现阶段国家经济发展趋势。

（4）X-Y维度交叉分析

在深入研究政策工具分类（X维度）的基础上，引入创新驱动主体（Y维度）来进一步分析，可以发现针对不同主体的政策工具组合应用情况，如图5-4所示。

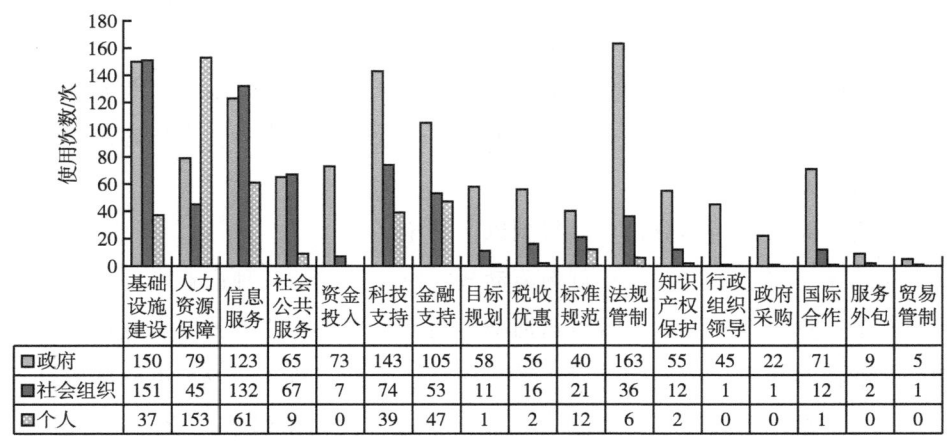

	基础设施建设	人力资源保障	信息服务	社会公共服务	资金投入	科技支持	金融支持	目标规划	税收优惠	标准规范	法规管制	知识产权保护	行政组织领导	政府采购	国际合作	服务外包	贸易管制
政府	150	79	123	65	73	143	105	58	56	40	163	55	45	22	71	9	5
社会组织	151	45	132	67	7	74	53	11	16	21	36	12	1	1	12	2	1
个人	37	153	61	9	0	39	47	1	2	12	6	2	0	0	1	0	0

图5-4　河南省创新驱动政策X-Y维度交叉统计分布图

本书从微观、中观和宏观层面将创新驱动主体分为个人、社会组织和政府，并针对不同主体研究创新驱动政策实施情况，有助于进一步探究政策的针对性和有效性，从图5-4可知。

①在河南省创新驱动所涉及的主体中，供给型、环境型和需求型政策工具分别使用了1408次、696次和124次，这与前文所提及的政策工具整体使用情况有着相同的分布状态。结合细分政策工具的分布来看：在政府方面，供给型政策工具中"基础设施建设"及"科技支持"这两种政策工具使用次数较多；而需求型政策工具中，政府使用了大量的"国际合作"这一政策工具细分类型；环境型政策工具中，政府使用"法规管制"政策工具的数量占政府使用环境型政策工具总数的三分之一。在社会组织方面，使用频率最高的仍然为供给型政策工具，其中最突出的是"基础设施建设"和"信息服务"，环境型和需求型政策工具使用次数相对较少，两者使用总数不足政策工具使用总量的一半。在个人方面，供给型政策工具使用次数最多，其中最为突出的是"人力资源保障"，而横向对比环境型与需求型政策工具可以看出，在"个人"作为创新驱动主体的前提下，有些细分项目的使用次数为零。

②供给型政策工具作为最常用的政策工具，在政府制定实施的创新驱动政策中得到了广泛应用，而在环境型和需求型的政策工具中，也呈现出相似的发展方向。虽然环境型和需求型政策工具的应用频率明显低于供给型政策工具，但在河南省创新驱动发展过程中，这两种政策工具同样发挥着重要作用。

综上所述，河南省各级政府在创新驱动中扮演着重要的角色，统筹各类社会资源、协调不同主体之间的关系、监督规范市场行为。一方面，政府为主导可以聚集和协调社会组织及个人之间关系，促进创新驱动政策在不同作用主体之间顺利实行。另一方面，政府大力推动创新驱动能够为社会组织及个人起到引领带头的作用，这也更加符合政府公共服务的职能特点。河南省各级政府对不同的创新驱动主体采取了不同的政策工具，这不仅可以彰显各创新驱动主体的发展特征，同时也有利于各个主体在创新驱动政策中发挥应有的作用和影响。

（5）X-Z维度交叉分析

在分析基本政策工具（X维度）的基础上，引入作用的产业类型（Z维度）进行交叉分析，得到河南省创新驱动政策针对不同产业类型的政策工具组合应用状况，如图5-5所示。

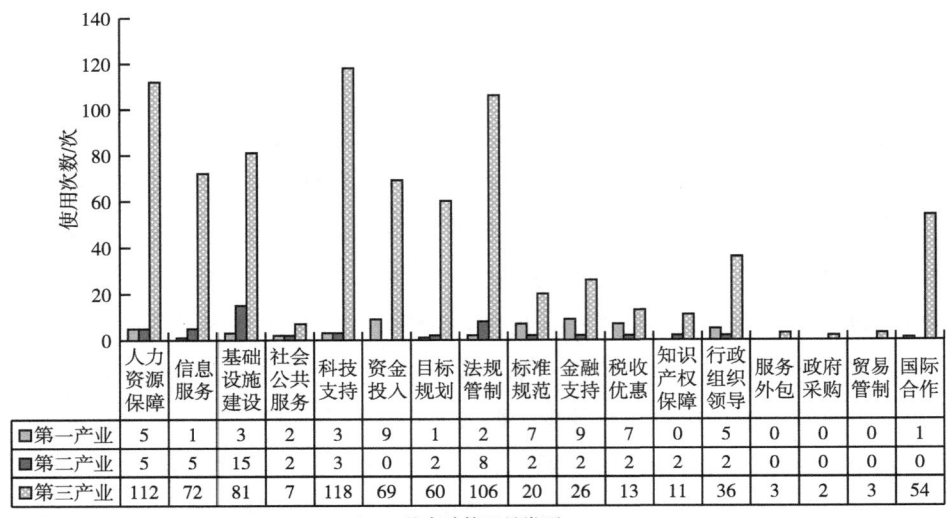

图5-5 河南省创新驱动政策 X-Z 维度交叉统计分布图

政府创新驱动府际合作政策的推行涉及不同的产业类型，但作用力度和作用方式存在着不同。由图5-5可知，在各类产业中，供给型政策工具使用了512次，环境型政策工具和需求型政策工具各使用了323次和63次，与前文所述政策工具中的使用情况类似。针对政策工具使用情况的具体分布可以得出，在第一产业中，供给型政策工具的"资金投入"和环境型政策工具的"金融支持"使用次数较多，而需求型政策工具的"服务外包""政府采购"和"贸易管制"的次数为零。在第二产业中，使用次数最多的政策工具为供给型中的"基础设施建设"，在环境型政策工具中被使用次数较多的是"法规管制"，其余均是少量使用。在第三产业的政策工具使用中，政策工具的整体使用次数较多，高达793次，各政策工具均有使用。对比第一、第二产业，需求型政策工具在第三产业中使用了"服务外包""政府采购""贸易管制"，这是在其他两个产业中都未被使用过的。

结合相关政策文本内容分析可以发现。

①在第一产业中,落实专项基金管理,为第一产业提供融资和借贷的便利环境,这也是政府落实创新驱动政策的主要途径。同时河南省各级政府也积极加快基础设施建设,保障人才资源的引进、教育和培养,为第一产业的创新驱动发展提供科学技术和社会公共服务等多方支持。但是在第一产业中需求型政策工具使用有所欠缺,单一使用贸易管制这一需求型政策工具,影响河南省在创新驱动中对第一产业的拉动作用。

②在第二产业中,政府大量使用"基础设施建设"这一政策工具,为第二产业的创新驱动发展提供基础保障。作为"创新驱动"的物质载体以及政府的显性政绩,基础设施建设更能激发政府的投入力度,因此在政策上会有所偏重。同时,政府还倾向于通过设立法律规范、引进技术人才、推动信息共享、提供税收优惠等措施来对第二产业创新发展进行规划与引导。然而河南省在第二产业中较少使用需求型政策工具,政府采购、服务外包、贸易管制等需求型政策工具没得到充分运用,可能会在一定程度上影响第二产业整体水平和创新效率的提升。

③在第三产业中,政府综合运用多类政策工具来保障产业的创新发展,在继续重视使用供给型和环境型政策工具的同时,增加使用需求型政策工具。从第三产业与之使用的需求型政策工具交叉对比可得出,需求型政策工具中的细分类型"国际合作"的使用可以促进中外第三产业的文化、经济、科技信息等交流,有利于河南省企业与国际产业进行合作交流,取长补短。在第三产业中多次使用"国际合作"也可以被视为是发展"坚持改革开放新格局,坚持引进来和走出去"的战略导向。

由此分析可以得出,河南省各级政府部门在创新驱动政策推行过程中,针对不同的产业选择不同的政策工具,契合了整体经济状况和国家战略导向,同时又能够提高政策推行效率,确保政策的针对性和有效性。

通过对政策工具类型、创新驱动主体、产业类型的交叉统计分析(X-Y,X-Z)可以发现,针对各类主体和各类产业,供给型政策工具使用次数最多,需求型政策工具最少。其中"人力资源保障""科技支持"和"法规管制"等政策工具类型的使用次数较多,"服务外包""政府采购"等政策工具使用情况几乎为零。由此可以看出,在河南省不同产业不同主体的创新驱动发展过程中,河南省在统一领导管理、规范产业行为、引进高端人才、完善人才体系、拓宽融资渠道等方面做出了诸多努力。但是在服务外包、扩大内需、增进国际贸易合作方面还有待提升,这也将成为日后政策推行与优化的关注重点。

5.3 政策工具演化路径分析

5.3.1 政策工具演化阶段划分

本书以创新驱动政策的阶段划分为基础,对河南省面向各产业实施创新驱动政策的政策文本数量变化趋势进行统计分析,如图5-6所示。

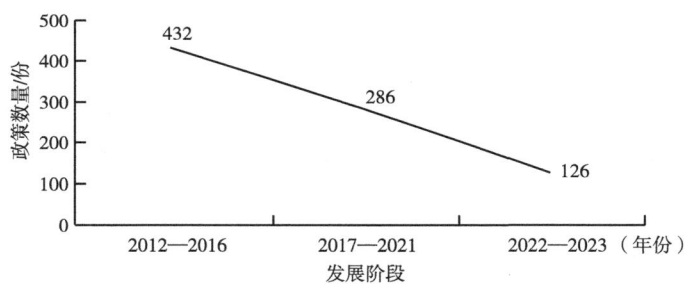

图5-6 河南省创新驱动政策数量变化趋势

随着时间的演进,河南省各级政府发布的创新驱动政策在各个发展阶段的政策数量趋势是下降的。可以看出,2012—2016年政策文本总数是432份,此时河南省创新驱动发展正处于起步阶段。2017—2021年为创新驱动持续发展阶段,这一阶段创新驱动政策数量下降至286份。2022—2023年,河南省创新驱动政策数量为126份,一方面是由于该阶段时间跨度较短,与其他阶段的划分年份跨度不同,仅有两年,导致政策数量较少,另一方面是通过对该阶段创新驱动政策内容的解构分析可知,该阶段河南省创新驱动趋于稳定成熟阶段,政策导向由微观层面转向宏观层面,也在一定程度上造成政策数量的下降。

2012—2016 年，河南省创新驱动处于起步阶段，各级政府对各产业创新驱动的发展规律认识有限，依然以发展农业、林业等第一产业为主，发展服务业、金融业等第三产业为辅，因此创新驱动产业整体分布范围多集中于第一、第三产业。2017—2021 年，河南省各级政府关注产业的重点由原来的第一、第三产业逐步转变为第二、第三产业，同时创新驱动政策出现数量减少的现象。第二产业作为河南经济强省的主要推动力，占河南省 GDP 的四成以上，因此着重创新发展第二、第三产业是提升河南省经济的必要过程。2022—2023 年，河南省政府发布《河南省创新驱动高质量发展条例》，同时省科技厅强调要"以党的二十大精神为指引，坚定走好创新驱动高质量发展华山一条路。"由此可以看出，伴随着市场经济的发展、创新驱动的推进和产业发展的成熟，河南省各级政府对创新驱动的重视程度持续上升，在政策发力上也更加注重顶层设计与宏观统筹。

如图 5-7 所示，河南省各级政府创新驱动政策所使用的政策工具也在动态调整。由于每个阶段的政策整体性目标略有不同，因此不同阶段使用的各类政策工具数量也有所区别。2012—2016 年，河南省各级政府对各产业市场主体实施创新驱动发展战略的计划处于初期阶段，政府多次使用基础设施建设、信息服务和人力资源保障等细分政策工具为创新驱动府际合作提供直接动力。2017—2021 年，河南省各级政府进一步推进创新驱动发展战略。供给型政策工具使用次数开始趋于下降，环境型政策工具使用次数逐步上升。由于供给型政策工具对实现目标具有直接地推动作用，故在前一阶段河南省各级政府大量使用单一类型的供给型政策工具，但仅有推力而无合适的创新驱动环境则导致各产业难以获得可持续性的发展。因此，在本阶段，河南省各级政府在继续大量使用供给型政策工具的同时，强化了环境型政策工具的使用。2022—2023 年，在河南省各级政府制定施行的创新驱动政策中，供给型政策工具使用占比进一步下降，需求型政策工具使用占比趋于稳定，环境型政策工具所占比重持续上升。究其原因，供给型政策工具可以为目标实现提供直接动力，但随着政策的逐步推进和产业的持续发展，政府需要适当弱化供给型政策的运用，提高环境型和需求型政策工具的使用比例，通过一推一拉两股力量，促进政策目标最大程度的实现。

总体而言，河南省各级政府在创新驱动政策制定推行的过程中，综合考虑了政策工具特点、政策实施目标和政策工具效果等方面来对政策工具加以运用。三种类型的政策工具在施行的政策中均有使用，但政策工具类型运用占比不均衡，总体使用情况为：供给型政策工具使用过度，环境型政策工具使用稳定，需求型政策工具使用匮乏。随着创新驱动发展战略的推进，河南省各级政府整体上在逐步强化环境型政策工具的使用，适度增加需求型政策工具的使用，弱化供给型政策工具的使用，且更加均衡多元的使用各细分政策工具，综合使用多种政策工具组合来推进河南省创新驱动发展。

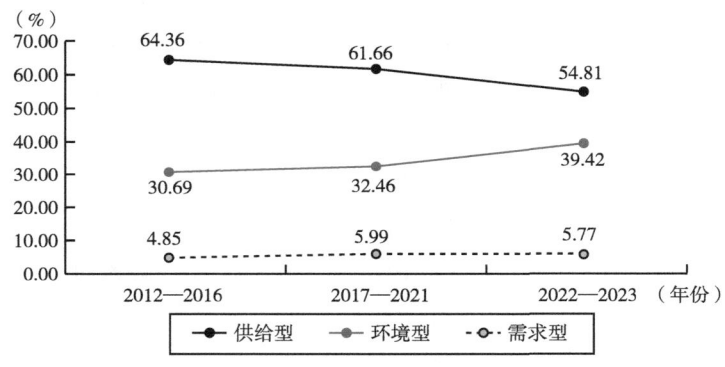

图 5－7 政策工具演变过程及占比

5.3.2 政策工具演化路径

（1）供给型政策工具演化路径分析

河南省各级政府大力推进创新驱动发展战略，相继出台各种措施确保目标达成。通过对创新驱动政策的政策工具类型进行分析，能够得出供给型政策工具的演化路径。自 2012 年党的十八大召开以来，河南省各级政府集中使用供给型政策工具，但内部细分政策工具使用类型较为单一。2017—2021 年，河南省各级政府供给型政策工具的整体使用占比有了小幅下降，但政策工具内部各个细分类型的使用次数明显增加。2022—2023 年，河南省各级政府已经能够均衡使用各类供给型政策工具，全力推进河南省创新驱动发展战略。

结合具体的政策文本内容来看，自 2012 年党的十八大召开以来，河南省各级政府主要使用"基础设施建设""信息服务""人力资源保障"和"科技支持"等供给型政策工具来为创新驱动提供创新要素驱动供给市场[①],通过进行自上而下的宏观调控,直接作用于生产要素层面,从而推进各个产业创新驱动发展。2017—2021 年,河南省各级政府使用供给型政策工具的占比有所下降,但是使用类型更加细致,在上一阶段"基础设施建设""信息服务""科技支持"和"人力资源保障"等供给型政策工具的基础上细分出"流通性产业化""基地体系完善""人才制度变革"等系统化的具体措施。2022—2023 年,河南省各级政府结合省内产业经济发展情况,对供给型政策工具的使用进行了调整,进一步降低使用比例的同时增加细分类型的使用,出现了"创建服务平台""复合型人才引进"和"现代化"等新内容。此外,河南省各级政府通过纵深发展信息支持服务、拓宽融资渠道、开发利用新能源等为各类产业创新驱动活动优化资源配置,从而为产业提供有效帮助。

发展起步较晚和产业形态落后,是河南省大部分产业发展的共同特点,因此加强基础设施建设、促进人力资源体系完善和引进先进技术成为提高产业发展速度的主要途径。在 2012—2016 年政府推进创新驱动初期,河南省各级政府大力使用供给型政策工具,直接作用于生产要素并对创新资源进行重新整合配置,加快省级及各地市不同产业创新驱动发展。2017—2021 年,河南省各级政府继续大力推行供给型政策工具的使用,通过投入科技补贴、开展人才研修培训等措施来鼓励引导各产业创新驱动,采取更为具体、直接的管理方式,提升对各个主体和产业的创新驱动能力,从而提高河南省创新驱动发展质量。自 2022 年开始,河南省各级政府在使用供给型政策工具的过程中更为细化,在供给侧给予产业企业更多指引,引导创新产业和市场主体适应创新驱动发展需求,从而推动各产业自主创新,构建企业的良性发展方式,力争突破市场限制鸿沟,促进河南省创新驱动发展战略的推行。

(2)需求型政策工具演化路径分析

需求型政策工具作为政策工具三分类的重要一类,在河南省创新驱动发展

---

① 俞立平,冉嘉睿,张运梅. 政策工具视角下科技创新质量相关政策演化特征研究——基于 2000—2022 年政策文本分析[J]. 宏观质量研究,2023,11(03):18-31.

的不同时间阶段，有着不同的使用情况。2012—2016 年，需求型政策工具使用占比较少，且使用种类较为单一，主要是引进技术和设备。2017—2021 年，需求型政策工具使用逐渐多元化，政府作为主导力量，开始进一步刺激产业需求，提高产业整体供给量，为产业提供更有利于创新驱动的条件。2022 年之后，河南省在推行创新驱动政策时，坚持"引进来"和"走出去"相结合，同时结合河南省自身社会背景与市场经济发展强度，合理利用需求型政策工具，刺激市场繁荣，推动社会资源参与，增加市场稳定性，为各产业创新提供便捷高效的新技术和新产品支持。

在 2012—2016 年，河南省各类产业在创新驱动发展方面还处于起步和摸索阶段，因此在使用需求型政策工具时，种类较为单一，扶持性政策较少，需求型政策工具涉及的热点词汇包括"调整关税""促进合作交流"和"人才引进"等。2017 年后，河南省各级政府针对需求型政策工具的使用也有了相应调整，使用工具种类逐渐多样化，如"外包业务""政府收购""引进技术和设备"和"稳定汇率"等。在 2022 年后，需求型政策工具进一步细化，小类工具运用更加频繁，如"加大外汇放款""招商引资"等。由于世界经济一体化的程度逐渐加深，创新驱动政策的推行及政策工具的使用与国外经济政策的联系日益紧密，因此，在经济全球化一体化程度日益加深以及我国社会主义市场经济体制不断完善的背景下，结合河南省经济发展阶段等要素，需求型政策工具的使用日益丰富。

（3）环境型政策工具演化路径分析

环境型政策工具在创新驱动政策中使用较为广泛，且随着政策发展阶段的变化，环境型政策工具的使用占比逐渐上升。2012—2016 年，环境型政策工具的使用类型较为单一，大多是宏观层面的综合措施。随着发展阶段的推进，2017—2021 年和 2022 年之后，环境型政策工具的使用逐渐具体、细致且处于不断修改与调整中。

2012—2016 年，河南省创新驱动尚处于发展初期，在经历了"无序发展"后，随着政府对创新驱动认识程度的加深，各行各业在创新驱动方面开始趋向于有序化、战略性的发展方向。在创新驱动发展初期，环境型政策工具使用中，突出的高频词汇为"完善政策""放开市场""税费支出"和"完善体系"，一定程度上反映了河南省各级政府在当期阶段的环境型政策工具使用重点，但是随着创新驱动政策的持续推行，到了2017—2021年，环境型政策工具细分种类的使用开始增加，措施较为全面具体，其中演化后的高频词汇有"放宽信贷""财税补贴""市场监管"和"标准规范服务"。2022年以后，环境型政策工具的使用进一步增加，项目细则更加具体。这一政策工具使用的阶段性演化，也与我国以及河南省整体经济发展和社会背景息息相关。河南省积极响应国家政策号召，在2023年发布了《河南省财政厅关于印发支持中小企业发展财政政策的通知》，因此政策工具演变热词中出现了"天使投资""统筹税金"和"知识产权保护法"等措施，同时用"放管服"的手段将更多自主权交还给产业，促进产业创新源泉充分涌流，推进创新驱动政策在各个产业顺利有效开展。

5.4 本章小结

河南省创新驱动政策工具的使用呈现出明显的阶段性演进特征，这种演进既反映了政策制定者对创新规律认识的深化，也体现了治理能力的持续提升。基于Rothwell和Zegveld的政策工具分类框架，研究发现供给型、环境型和需求型三类工具的使用比例分别为45%、38%和17%，这种"供给主导型"的结构特征与河南省当前创新驱动发展阶段基本吻合。从时间维度分析，政策工具使用经历了三个明显的演进阶段：2012—2015年的初创期以供给型工具为主（占比达62%），主要表现为直接的科研经费投入（年均增长28%）、公共研发平台建设（累计投入47亿元）等政府主导型措施；2016—2020年的发展期，环境型工具使用大幅增加（占比升至41%），包括研发费用加计扣除（惠及企业数量增长3.2倍）、高新技术企业税收优惠（减免税额年均增长35%）等市场化手段；2021年以来的优化期，政策工具组合更趋多元化，出现了"科技创新券＋风险补偿＋场景开放"等创新性工具包，特别是需求型工具使用比例首次突破20%，反映出政策思路从"政府主导"向"市场引导"的重要转变。

不同产业领域的政策工具选择呈现出显著的差异化特征。高技术产业主要依赖供给型工具（使用占比58%），其中研发补助（占总补助资金的43%）和人才专项（年均投入增长25%）是最主要手段；传统产业转型更多运用环境型工具（占比51%），包括环保标准升级（标准严格度提高60%）、技改补贴（覆盖率达32%）等调控措施；现代农业则倾向于采用需求型工具（占比38%），如政府采购农业科技成果（金额年均增长40%）、示范推广项目（年实施量达120项）等拉动手段。这种差异化应用体现了政策制定的精准性提升，但也暴露出工具使用惯性问题。以智能制造领域为例，85%的政策资源仍集中在设备补贴等传统供给型工具，而对工业互联网平台、数字孪生等新兴领域的需求侧激励明显不足，这种结构性失衡可能制约产业转型升级的质效。

深入分析政策工具的三维特征发现，河南省在工具使用的力度、精度和协同度方面取得了显著进步但仍存在提升空间。在力度维度上，财政科技投入保持高强度，2022年全省研发经费支出达1100亿元，占GDP比重提升至2.3%，但科技金融工具运用相对滞后，科技贷款余额仅占全部贷款的4.7%，风险投资规模不足广东的1/5。在精度维度上，专项资金的支持方向逐步细化，如2021年设立的"揭榜挂帅"专项精准对接了29项关键技术需求，但差异化、定制化的政策设计能力仍有欠缺，调研显示42%的中小企业认为政策获得感不强。在协同维度上，工具组合的有机性明显增强，如2022年推出的"科研人员职务科技成果权属改革+成果转化税收优惠+技术交易补助"组合拳，推动全省技术合同成交额突破1000亿元，但跨部门工具统筹仍面临体制机制障碍，存在"政出多门""碎片化"等问题。

政策工具演化的路径分析揭示了若干规律性特征。从演进轨迹看，河南省创新政策工具经历了"单一供给→环境优化→组合创新"的典型发展路径，这与国际创新政策工具演进规律基本吻合，但在需求侧工具的创新应用方面相对滞后。从学习机制看，工具创新呈现出明显的"试点—推广"特征，如科技创新券2016年在郑州高新区先行试点，2018年推广至全省，目前已累计发放15亿元，带动企业研发投入超45亿元。从适应能力看，政策工具对新兴挑战的响应速度加快，如为应对新冠疫情，2020年紧急设立应急科研专项，支持核酸检测、疫苗研发等攻关项目37项。但评估机制不健全的问题仍然突出，仅有28%的政策工具建立了系统的效果评估制度，导致部分工具使用存在路径依赖现象。

国际比较研究显示，河南省政策工具体系与创新驱动发展需求之间仍存在三个主要差距：一是需求型工具占比偏低，发达国家通常保持在30%以上；二是金融工具创新不足，缺乏科技保险、知识产权证券化等新型工具；三是社会参与工具欠缺，如众包、挑战赛等参与式工具应用较少。借鉴深圳、苏州等先进地区经验，建议从四个方面完善政策工具体系：建立工具创新试验机制，在自创区先行试点新型工具；健全政策效果评估制度，引入第三方评估机构；加强工具使用能力建设，提升基层政府的政策执行力；构建工具动态调整机制，定期更新政策工具箱。这些措施将有助于提升政策工具的适应性和有效性，为创新驱动发展提供更有力的支撑。

6.河南省创新驱动政策的影响因子分析

6. 河南省创新驱动政策的影响因子分析

公共政策出台一般是在特定的社会背景下，为了解决社会公共问题和维护社会公共利益的需求。河南省创新驱动相关政策也概莫能外。为了通俗易懂地解答"哪些影响因子会促使政府制定创新驱动相关政策？这些影响因子又该如何归类？不同的影响因子对于政策颁布的影响程度又有多大？处于同一时期同一背景下的影响因子是否还具有聚类特征？不同时期的影响因子如何变化？"等一系列问题，本章将结合样本统计分析的结果，从横向的空间维度和纵向的时间维度来分析研究 827 份样本中创新驱动相关政策的影响因子，以通过定性定量相结合的方式探索出河南省人民政府制定颁布创新驱动政策时的相关社会政治环境。

6.1 河南省创新驱动政策影响因子的统计描述

6.1.1 影响因子的统计数量与概况

河南省近年来高度重视创新驱动发展，出台了一系列相关政策文件。这些政策涵盖了科技创新、产业升级、人才培养、区域协调等多个方面，形成了较为完整的政策体系。在对 844 份政策样本进行反复、多次标注的基础上，发现每个政策样本都可通过使用两个具有关联性的主题词来归纳出创新驱动政策出台的背景，也因此获取了 634 个关联主题词，如表 6-1 所示。从政策内容来看，河南省创新驱动政策主要聚焦于以下几个方面：一是加强科技创新体系建设，提升自主创新能力；二是推动产业结构优化升级，培育新兴产业；三是加大财政支持力度，完善资金管理机制；四是加强人才培养和引进，构建创新人才高地；五是促进区域协调发展，打造创新驱动发展新格局。

表 6-1　河南省创新驱动政策的影响因子标注与排序

序号	主要影响因子	标注次数	标注占比（%）	序号	主要影响因子	标注次数	标注占比（%）
1	省级政策	257	15.54	30	创新驱动发展	5	0.3
2	中央政策	215	13	31	供给侧结构性改革	5	0.3
3	中央会议	53	3.2	32	智慧岛建设	5	0.3
4	科技创新	32	1.93	33	高校科技创新人才	5	0.3
5	创新驱动发展战略	31	1.87	34	省级会议	5	0.3
6	高质量发展	28	1.69	35	供给侧改革	5	0.3
7	创新驱动	15	0.91	36	商标战略	5	0.3
8	科技创新体系建设	14	0.85	37	人力资源开发	4	0.24
9	国家重点研发计划	14	0.85	38	开放型经济新体制	4	0.24
10	专项经费预算	13	0.79	39	新型城镇化规划	4	0.24
11	电子商务	13	0.79	40	战略性新兴发展规划	4	0.24
12	高校科技创新人才支持计划	13	0.79	41	战略性新兴产业	4	0.24
13	粮食安全	11	0.67	42	未来产业发展规划	4	0.24
14	乡村振兴	10	0.6	43	高标准农田	4	0.24
15	现代保险服务业	10	0.6	44	创新发展	4	0.24
16	体育产业	9	0.54	45	快递服务业	4	0.24
17	创新生态建设	8	0.48	46	产业转型升级	4	0.24
18	科技创新发明	8	0.48	47	行动计划纲要	4	0.24
19	现代职业教育	7	0.42	48	中原科技创新领军人才	4	0.24
20	农业农村现代化	7	0.42	49	养老服务业	4	0.24
21	经济社会发展	7	0.42	50	科技创新杰出人才	4	0.24
22	现代服务业发展规划	7	0.42	51	农民工返乡创业	4	0.24
23	就业创业工作	6	0.36	52	高校科技创新团队支持计划	4	0.24
24	政府间国际科技创新合作	6	0.36	53	高校科技创新团队及人才	4	0.24
25	政府和社会资本合作	6	0.36	54	节能减排科技创新示范企业	4	0.24
26	科技创新奖励	6	0.36	55	发展规划	4	0.24
27	国家创新高地	6	0.36	56	老年人体育	4	0.24
28	全民科学素质	5	0.3	57	小微企业健康发展	4	0.24
29	科技创新示范企业	5	0.3	58	小微企业发展	3	0.18

续表

序号	主要影响因子	标注次数	标注占比（%）	序号	主要影响因子	标注次数	标注占比（%）
59	科技与金融结合	3	0.18	79	国际科技创新合作	3	0.18
60	科技成果转移转化	3	0.18	80	申报工作	3	0.18
61	科技企业孵化器	3	0.18	81	质量强市	3	0.18
62	公共卫生体系	3	0.18	82	企业服务长效机制	3	0.18
63	全民健康	3	0.18	83	高新技术企业	3	0.18
64	提质转型创新	3	0.18	84	财政性涉企资金	3	0.18
65	郑洛新国家自主创新示范区	3	0.18	85	创业投资	3	0.18
66	中青年卫生健康科技创新人才培养	3	0.18	86	蓝色粮仓科技创新	2	0.12
67	财政支持	3	0.18	87	企业科技创新	2	0.12
68	高校科技创新团队	3	0.18	88	招商引资	2	0.12
69	技术创新	3	0.18	89	知识产权强市建设	2	0.12
70	高等教育综合改革	3	0.18	90	郑新一体化发展规划	2	0.12
71	创新驱动提速增效工程	3	0.18	91	人才强省战略	2	0.12
72	科技创新发展规划	3	0.18	92	现代农业发展	2	0.12
73	科技体制改革	3	0.18	93	高新技术产业开发	2	0.12
74	全民技能振兴工程	3	0.18	94	高新技术产业开发区	2	0.12
75	科技创新操作	3	0.18	…	……	…	…
76	战略性国际科技创新合作	3	0.18	634	金融信贷服务	1	0.06
77	农业供给侧结构性改革	3	0.18	总计		1654	100
78	气象现代化	3	0.18				

6.1.2 影响因子的归纳与提炼

为了进一步探索创新驱动政策的影响因素，需要对634个关联词进行分析。如果选择对这634个关联主题词进行单个分析深入研究，无疑是缺乏理性的，因为其实际操作性很差，而选择对它们进行较为系统的梳理，才是发现其内涵、规律的明智之举。因此，本书将采用按年份逐层筛选归纳合并的方式，层层递进，以从634个关联主题词中提炼出最能影响河南省创新驱动政策制定出台的因素，从而构建一个直观、通俗的影响因子体系。更为具体的原因有以下几点。

（1）由于创新驱动政策涉及社会发展的各个方面，而且标注创新驱动政策背景的关联主题词涉及的领域比较繁多，不同的政府职能部门对创新驱动政策的重视程度、关注内容也显著不同。因此，需要对所有关联主题词进行分层筛选，以夯实研究基础，深化后续研究结果的内涵，系统地梳理出创新驱动政策的社会政治背景及主要推动力量。

（2）在标注创新驱动政策的背景时，所提取的关联主题词的抽象程度、所属领域皆存在着一定的差异性，例如，既有类似于"高质量发展"的概括性主题词，也有类似于"粮食安全"的针对具体领域的主题词。而且，通过梳理认识论的相关规律发现，"抽象程度越高，涉及内容越广泛"，因此只有层层探究、不断地对智慧城市建设现象进行抽丝剥茧，才能进行比较和分析同一层次内或者不同层次间的影响因子分布情况。

（3）人们对于某一个事物所蕴含规律的探究，往往是借助于反复的实验、不断的思考以及抽象化的思维模式，这也同样适用于创新驱动政策影响因素的研究。因此，需要在研究过程中抓住所提取的关联主题词的共性，凝练出符合实际情况以及认识规律的、抽象性以及概括性较高的影响因子，以增加本书研究的宽度和深度，为后续研究具体实践中的应用提供理论基础。基于研究者对创新驱动政策相关理念的理解和认识，对关联主题词进行具体的量化处理。

将"中央政策""省级政策""中央会议""省级会议"等归纳统称为"中央及省级精神"，是因为这些主要影响因子都是关于相关会议、政策的指导思想和指导内容，都对创新驱动政策的出台产生了重要的影响，中央及省级精神是指导河南省创新驱动政策制定和实施的重要依据。从政策文本分析来看，"中央及省级精神"在关键影响因子中出现频率最高，占比高达33%，充分体现了其在政策体系中的核心地位。中央政策为河南省创新驱动发展提供了宏观指导，明确了发展方向和重点任务。省级政策则结合河南省实际情况，制定了具体实施方案和配套措施。

中央及省级精神对河南省创新驱动政策的影响主要体现在以下几个方面：首先，为政策制定提供了方向和框架，确保地方政策与国家战略保持一致；其次,通过政策传导机制,将中央精神转化为具体行动,提高了政策执行效率;最后,中央政策往往伴随着资金支持和项目倾斜,为地方创新驱动发展提供了重要资源保障。然而,在政策落实过程中,也存在着政策理解不到位、执行偏差等问题,需要进一步加强政策解读和培训,确保政策精神准确传达和有效落实。

由于本书中的政策样本时间跨度较大,提取的主要影响因子领域涵盖范围较广,因此需要再进一步进行归纳合并,本书按年份进行总结归纳(如表6-2所示)。以2012年为例,将56个主要影响因子中的"中央政策""省级政策""中央会议""省级会议"等归纳统称为"中央及省级精神",是因为这些主要影响因子都是关于相关会议、政策的指导思想和指导内容,都对创新驱动政策的出台产生了重要的影响。在此基础上,进一步将剩余的主要影响因子按照但不限于以下方面进行分类总结、抽象归纳、合并,按照出现次数及重要程度依次排序可列为:(1)"三农"问题;(2)金融货币政策;(3)数字信息化建设(4)水利交通创新(5)文化教育创新;(6)产业创新发展(7)政府服务管理。

表6-2 按年份划分河南省创新驱动政策的影响因子标注与排序

2012年	主要影响因子	标注次数	标注占比(%)	……	2023年	主要影响因子	标注次数	标注占比(%)
1	中央政策	24	21.82	……	1	省级政策	7	14
2	省级政策	19	17.27	……	2	高质量发展	6	12
3	高标准农田	4	3.64	……	3	经济社会发展	4	8
4	全民技能振兴工程	3	2.73	……	4	中央政策	3	6
5	金融服务	2	1.82	……	5	科技创新	3	6
6	农业产业化集群	2	1.82	……	6	交通运输科技创新	2	4
7	中央会议	2	1.82	……	7	行动计划	1	2
8	中医药创新	2	1.82	……	8	智慧岛建设	1	2
9	省级会议	2	1.82	……	9	创新驱动	1	2
10	通信信息网络	2	1.82	……	10	国资国企发展规划	1	2
11	名牌战略	1	0.91	……	11	创新生态建设	1	2
12	新型农业	1	0.91	……	12	数字经济和信息化发展规划	1	2
13	防震减灾创新	1	0.91	……	13	未来产业发展规划	1	2

续表

2012年	主要影响因子	标注次数	标注占比（%）	……	2023年	主要影响因子	标注次数	标注占比（%）
14	农业集群化发展	1	0.91	……	14	战略性新兴发展规划	1	2
……								
56	通信信息网络基础设施建设	1	0.91	……	31	产业发展新赛道	1	2
	总计	108	100	……		总计	40	100

6.2 河南省创新驱动政策影响因子的时空分布

6.2.1 按领域分类分析

依据国务院制定颁布的《国务院公文主题词表》中对行业领域及层次的划分标准，本书将634个关联词所属划分为10个领域（如表6-3所示）。由表6-3可知，河南省智慧城市建设政策出台的主要影响因子的领域类别划分情况为（以领域、标记次数和领域标记占比为序）：综合党团（32.71%），科、教、文、卫、体（15.54%），旅游、城乡建设、环保（13.00%），农业、林业、水利、气象（7.50%），综合经济（6.89%），财政、金融、贸易（5.93%），民政、劳动人事（5.26%），公安、司法、监察（4.66%），工交、能源、邮电（4.59%），秘书、行政（3.93%）。

河南省创新驱动政策的分领域演进分析揭示了其政策制定与实施的系统性和动态性。这些领域间相互协同、相互促进，共同推动了河南省从传统产业依赖向创新驱动发展的转型。

在"综合党团"领域，中央及省级精神是河南省创新驱动政策的顶层设计核心，占比高达32.71%。中央政策的引导和省级政策的落实，为河南省创新驱动提供了明确的方向和强有力的支持。河南省紧跟国家"创新驱动发战略",出台了一系列省级政策文件,明确了科技创新、产业升级、生态保护等重点任务。这些政策不仅为河南省的创新驱动提供了制度保障,还推动了各级政府的高效协同。

在"科、教、文、卫、体"领域,河南省通过卫生健康科技、文化创新改革、数字信息化建设、科技创新人才等政策举措,显著提升了科技创新能力。河南省重点推进郑洛新国家自主创新示范区建设,集聚了全省60%以上的高新技术企业和科研机构。截至2023年,示范区内的研发投入强度达到3.5%,远超全省平均水平。此外,河南省还通过设立科技成果转化基金,推动高校、科研院所与企业的深度合作。2022年,河南省技术合同成交额突破1200亿元,科技成果转化率显著提升。在量子信息、人工智能等前沿领域,河南省也取得了重要突破。2023年,嵩山实验室建成量子通信干线,郑州"城市大脑"项目使交通拥堵指数下降18%。这些政策举措不仅推动了传统产业的智能化、绿色化转型,还促进了新兴产业的快速发展。

在"旅游、城乡建设、环保"领域,河南省通过绿色发展、生态资源与环境、城市创新发展、乡村振兴等政策举措,推动了生态环境的改善和城乡一体化进程。在沿黄地区推广"光伏+农业"模式,亩均增收2000元,碳排放强度下降18%;焦作市通过"绿色矿山"工程,废弃矿区复绿率达到85%。此外,河南省还通过循环经济模式的推广,提升了资源利用效率。济源市建成"铅锌冶炼—硫酸—化肥"闭环产业链,资源综合利用率达98%。这些政策举措不仅改善了生态环境,还为经济发展注入了绿色动能。

在"农业、林业、水利、气象"领域,河南省通过高标准农田建设、农业科技创新和农产品电商发展等政策举措,推动农业现代化进程。在周口、商丘等产粮大县集中连片整治土地1200万亩,配套智能灌溉系统,亩均节水30%;推广"农业物联网"技术,试点区域玉米单产提高18%。2023年,河南省农业科技进步贡献率达到65%,农产品电商交易额突破800亿元,农业现代化水平显著提升。此外,河南省还通过生物育种技术的突破,培育出抗赤霉病小麦品种"豫农902",亩产提升15%,打破了国外种子垄断,为粮食安全提供了坚实保障。

在"综合经济"领域,河南省通过高质量发展、第三产业、经济社会发展、供给侧结构性改革、就业创业、小微企业发展等政策举措，推动了经济结构的优化和升级。关停小煤矿237座，腾退土地用于建设郑州智能传感器产业园，2020年产值超300亿元；宇通客车推出氢燃料电池公交车，在郑州、安阳等地投运超500辆，氢能产业链初具规模。此外，河南省还通过智能制造和大数据技术的应用，推动了传统制造业的转型升级。例如，洛阳中信重工通过工业互联网平台，实现了矿山装备的远程运维，服务覆盖全球30多个国家，远程运维收入占比超30%。这些政策举措不仅提升了河南省的产业竞争力，还为经济高质量发展注入了新动能。

在"财政、金融、贸易"领域，河南省通过金融货币政策、金融服务、创新经费管理、金融科技、金融保险、资本管理、电子商务等政策举措，为中小企业提供了多元化的融资渠道。中原股权交易中心挂牌企业突破1000家，累计融资超200亿元；普惠金融政策使小微企业贷款覆盖率提升至80%，有效缓解了融资难、融资贵问题。这些政策举措为河南省的创新驱动提供了强有力的金融支持。

在"民政、劳动人事"领域，河南省通过养老服务等政策举措，提升了社会保障水平。河南省实施"医养结合"模式，推动养老服务与医疗资源的深度融合，显著提升了老年人的生活质量。

在"公安、司法、监察"领域，河南省通过电子证照管理、"互联网+行政"等政策举措，提升了政府服务效率和透明度。推行"一站式"政务服务平台，企业办事效率提升30%，显著优化营商环境。

在"工交、能源、邮电"领域，河南省通过产业创新发展、水利交通创新、通信信息网络基础设施建设等政策举措，推动了基础设施的现代化。河南省通过"米字形"高铁网和"宽带中原"计划，构建了高效便捷的交通和通信网络。郑州航空港区成为全球重要的智能手机生产基地，年产量突破2亿部；农村宽带覆盖率从45%提升至98%，为数字经济发展奠定了基础。

在"秘书、行政"领域，河南省通过政府服务管理等政策举措，提升了政府治理能力和服务水平。推行"三证合一""一站式"政务服务，企业开办时间从30天压缩至5天，显著降低了企业制度性交易成本；出台《河南省创新驱动发展条例》，明确科研人员收益比例不低于70%，激发了科研人员的创新积极性。

河南省创新驱动政策的分领域演进体现了从单一突破到系统协同、从局部试点到全域推广的逻辑主线。通过综合党团、科、教、文、卫、体、旅游、城乡建设、环保、农业、林业、水利、气象、综合经济、财政、金融、贸易、民政、劳动人事、公安、司法、监察、工交、能源、邮电、秘书、行政等领域的有机结合，河南省逐步构建起以科技创新为核心、以产业升级为动力、以生态治理为保障、以城乡协同为支撑的创新驱动体系。

表6-3 河南省智慧城市建设政策主要影响因子的主题领域和类别划分

序号	领域	主要影响因子	类别标记次数	占比
1	综合党团	中央及省级精神……	541	32.71%
2	科、教、文、卫、体	卫生健康科技、文化创新改革、数字信息化建设、科技创新人才、科技创新、创新驱动发展战略、创新体系建设、人工智能、新能源产业、科技创新战略、教育改革、体育产业……	257	15.54%
3	旅游、城乡建设、环保	绿色发展、生态资源与环境、城市创新发展、乡村振兴……	215	13.00%
4	农业、林业、水利、气象	"三农"问题、粮食安全、智慧水利、智慧气象……	124	7.50%
5	综合经济	高质量发展、第三产业、经济社会发展、供给侧结构性改革、就业创业、小微企业发展……	114	6.89%
6	财政、金融、贸易	金融货币政策、金融服务、创新经费管理、金融科技、金融保险、资本管理、电子商务……	98	5.93%
7	民政、劳动人事	养老服务……	87	5.26%
8	公安、司法、监察	电子证照管理、"互联网+行政"……	77	4.66%
9	工交、能源、邮电	产业创新发展、水利交通创新、通信信息网络基础设施建设……	76	4.59%
10	秘书、行政	政府服务管理……	65	3.93%

6.2.2 按年份的逻辑演进

由于研究时间跨度大、领域涵盖广泛以及成功先例缺乏等原因，本次针对创新驱动政策出台的影响因子的研究主要是为了追寻普遍性规律，并且研究者在归纳合并时可能存在着主客观认识理解上的偏差，进而导致凝练出的关联主题词可能没有达到很高精确程度，理应设置"其他"一项。但是，"其他"一项会对具体影响因子的分析产生影响且相比于其他影响因子占比较小，因此在后续的研究中不考虑"其他"一项，从而可以减小研究误差。年份汇总结果如表 6-4 所示。

表 6-4　河南省创新驱动政策主要影响因子的时间分布

时间	影响河南省创新驱动政策出台的代表性影响因子（按出现次数排序）
2012 年	中央及省级精神　"三农"问题　金融货币政策　数字信息化建设 水利交通创新　文化教育创新　产业创新发展　政府服务管理
2013 年	中央及省级精神　小微企业发展　金融服务　"三农"问题 文化教育创新　科技创新战略　水利交通创新　数字信息化建设
2014 年	中央及省级精神　电子商务　政府服务管理　文化教育创新 金融服务　绿色发展　"三农"问题　数字信息化建设
2015 年	中央及省级精神　金融保险　资本管理　电子商务 教育改革　粮食安全　养老服务　第三产业
2016 年	中央及省级精神　体育产业　粮食安全　就业创业 数字信息化建设　电子商务　新能源产业　金融服务
2017 年	中央及省级精神　供给侧结构性改革　科技创新　文化教育创新 "三农"问题　数字信息化建设　政府服务管理　绿色发展
2018 年	中央及省级精神　创新驱动发展战略　科技创新　金融科技 "三农"问题　绿色发展　国际合作创新　创新体系建设
2019 年	中央及省级精神　高质量发展　创新驱动发展战略　产业创新发展 科技创新人才　国际合作创新　绿色发展　"三农"问题
2020 年	中央及省级精神　创新体系建设　科技创新人才　生态资源与环境 国际合作创新　城市创新发展　人工智能　卫生健康科技
2021 年	中央及省级精神　创新资金管理　乡村振兴　城市创新发展 高质量发展　文化教育创新　创新驱动发展战略　绿色发展
2022 年	中央及省级精神　乡村振兴　生态资源与环境　"三农"问题 卫生健康科技　城市创新发展　第三产业　科技创新人才
2023 年	中央及省级精神　科技创新人才　高质量发展　经济社会发展 科技创新　水利交通创新　数字信息化建设　生态资源与环境

河南省创新驱动政策影响因子的逻辑演进（2012—2023 年）。河南省创新

驱动政策的制定与调整，始终围绕国家战略导向、区域资源禀赋和社会发展需求动态演变。其逻辑主线可概括为"基础夯实—产业突破—生态优化—全球融合"四个阶段，各阶段的核心影响因子既继承前期成果，又回应时代挑战，形成层层递进的系统性政策框架。

（1）第一阶段（2012—2014年）：制度与基建双轮驱动，奠定创新基础

此阶段政策以中央精神落实和基础设施补短为核心。2012年"创新驱动发展"首次写入国家战略，河南省迅速响应，通过金融货币政策调整（如小微企业信贷支持）和数字信息化建设（农村宽带覆盖率提升至65%）构建基础支撑体系。与此同时，农业大省的现实需求推动"三农"问题成为政策焦点，2013年科技创新战略与农业现代化结合，试点智慧农业项目，将物联网技术应用于粮食主产区的精准灌溉。2014年，电子商务的爆发式增长倒逼政策转向，郑州跨境电子商务试验区获批，政策首次引入绿色发展概念，要求高耗能产业（如电解铝）通过技术升级降低碳排放。这一阶段的核心逻辑是"以制度保障创新环境，以基建打通资源流动"，为后续产业升级铺路。

（2）第二阶段（2015—2017年）：产业与服务协同突破，激活创新动能

随着基础设施逐步完善，政策重心转向现代服务业开放和供给侧结构性改革。2015年，中国（河南）自由贸易试验区启动申报，推动金融保险、物流等服务业与国际接轨，同年资本管理创新（中原股权交易中心设立）为中小企业提供直接融资渠道。2016年新兴产业布局加速，以郑州航空港区为核心引入新能源汽车（宇通氢能客车）、体育文旅（少林文化IP开发）等项目，同时数字信息化建设深化，政务数据开放共享平台上线，降低企业制度性交易成本。2017年，政策首次将科技创新与绿色发展绑定，郑洛新国家自主创新示范区通过淘汰过剩产能（关停小煤矿200余家），腾出资源空间发展智能装备制造。此阶段的逻辑特征体现为"以产业升级释放效率红利，以服务改革降低创新门槛"。

（3）第三阶段（2018—2020年）：生态与人才系统构建，强化创新韧性

政策开始从单一领域突破转向创新生态体系化建设。2018年《河南省创新驱动发展规划纲要》发布，明确"人才—技术—资本—制度"四位一体框

架:通过"中原英才计划"吸引高层次人才(累计引进博士超1.2万名),依托龙子湖智慧岛试点区块链技术金融应用,并借助中欧班列(郑州)深化跨境技术合作。2020年新冠疫情成为关键转折点,政策快速响应机制凸显——48小时内建成口罩生产线120条,AI技术应用于"健康码"系统,推动卫生健康科技从辅助角色跃升为核心竞争力。此阶段的政策逻辑强调"以危机应对检验系统韧性,以生态闭环提升可持续性"。

(4)第四阶段(2021—2023年):全球与区域双网融合,拓展创新边界

在"双循环"战略背景下,政策着力构建"本土深耕+全球链接"的创新网络。2021年乡村振兴与城市创新协同推进:乡村层面推广数字乡村试点(5G基站覆盖98%行政村),城市层面以郑州国家中心城市为核心打造"郑开科创走廊",吸引华为中原总部等研发机构落地。2022年黄河流域生态保护上升为政策重点,沿黄地区探索"光伏+节水农业"模式,单位灌溉用水量下降30%。2023年,政策进一步向未来产业倾斜,郑州"算力之城"规划落地,布局量子信息、类脑智能等前沿领域,同时通过"科学家工作室"赋予科研人员成果转化收益权,激发微观主体活力。此阶段的演进逻辑体现为"以全球视野配置资源,以技术革命重构竞争优势"。

河南省创新驱动政策的12年演进,本质上是从"被动响应"到"主动引领"、从"要素堆砌"到"系统赋能"的转型过程。然而,当前仍面临基础研究投入不足(占R&D经费比重仅6.3%)、创新成果转化率低(低于全国平均水平8个百分点)等瓶颈。未来需通过新型举国体制突破"卡脖子"技术,将政策逻辑从"资源驱动"升级为"规则驱动",最终实现从"中部粮仓"到"全球创新枢纽"的跨越。

6.2.3 影响因子的交叉分析

依据上述原则和方法,最终归纳得出37个关键影响因子按标记次数排序,如表6-5所示。并且由表6-5可知,"中央和省级精神""'三农'问题""数字信息化建设""绿色发展""文化教育创新""科技创新人才"是影响河南省创新驱动政策出台的最主要因子。

为了明晰据现有研究样本所提取凝练的影响因子与创新驱动政策文本之间

6. 河南省创新驱动政策的影响因子分析

的相关强度关系，本节结合河南省目前政策制定和执行的实际情况以及已有的研究成果，将这37个主要影响因子划分为3个相关强度层次（划分标准更多地是依据影响因子本身的性质，而不是影响因子的标记次数），以进一步阐明影响因子的空间分布特征。

第一层次为"恒相关因子"。所谓的"恒相关因子"是指河南省创新驱动政策出台的最深层次的根本性的社会政治背景，主要涉及本质性概念和一些制度范畴，"中央及省级精神"主要影响因子；第二层次为"长期相关因子"。所谓的"长期相关因子"是指长期对创新驱动政策出台产生影响的（即与创新驱动发展紧密相连的）因子，如"'三农'问题""数字信息化建设"等主要影响因子；第三层次为"中短期相关因子"。所谓的"中短期相关因子"是指在中短期内影响创新驱动政策出台的，或者说对创新驱动发展有一定促进作用的因子，如"体育产业""国际合作创新"等主要影响因子。具体结果如表6-5所示。

基于上述主要影响因子的领域分布特征以及相关强度划分情况，本书将深入挖掘这些影响因子所属领域与相关强度层次之间的交错关系，即对主要影响因子进行领域与层次的交叉分析，以明确各个领域影响因子的相关强度层次以及不同相关强度层次的影响因子的主要分布领域。

表6-5　　　　　河南省创新驱动政策的关键影响因子

序号	内容	出现次数	占比（%）
1	中央及省级精神（恒相关）	12	12.5
2	"三农"问题（长期相关）	7	7.29
3	数字信息化建设（长期相关）	6	6.25
4	绿色发展（中短期相关）	5	5.21
5	文化教育创新（长期相关）	5	5.21
6	科技创新人才（长期相关）	4	4.17
7	水利交通创新（中短期相关）	3	3.13
8	科技创新（长期相关）	3	3.13
9	金融服务（中短期相关）	3	3.13
10	电子商务（中短期相关）	3	3.13
11	高质量发展（长期相关）	3	3.13
12	创新驱动发展战略（长期相关）	3	3.13

续表

序号	内容	出现次数	占比（%）
13	政府服务管理（中短期相关）	3	3.13
14	城市创新发展（中短期相关）	3	3.13
15	国际合作创新（中短期相关）	3	3.13
16	生态资源与环境（长期相关）	3	3.13
17	乡村振兴（中短期相关）	2	2.08
18	创新体系建设（长期相关）	2	2.08
19	产业创新发展（中短期相关）	2	2.08
20	第三产业（中短期相关）	2	2.08
21	粮食安全（长期相关）	2	2.08
22	卫生健康科技（中短期相关）	2	2.08
23	金融货币政策（长期相关）	1	1.04
24	养老服务（中短期相关）	1	1.04
25	教育改革（长期相关）	1	1.04
26	金融保险（中短期相关）	1	1.04
27	资本管理（中短期相关）	1	1.04
28	小微企业发展（中短期相关）	1	1.04
29	科技创新战略（长期相关）	1	1.04
30	就业创业（中短期相关）	1	1.04
31	体育产业（中短期相关）	1	1.04
32	供给侧结构性改革（长期相关）	1	1.04
33	新能源产业（中短期相关）	1	1.04
34	金融科技（中短期相关）	1	1.04
35	人工智能（中短期相关）	1	1.04
36	创新经费管理（中短期相关）	1	1.04
37	经济社会发展（长期相关）	1	1.04
	总计	96	100

由表6-6可知，恒相关因子集中在综合党团领域的创新驱动相关政策的出台；而长期相关因子主要影响科教文卫体，综合经济，财政、金融、贸易和秘书、行政等领域创新驱动政策的颁布。除此之外，中短期相关因子重点影响旅游、城乡建设、环保、民政、劳动人事、工交、能源、邮电和公安、司法、

6. 河南省创新驱动政策的影响因子分析

监察等领域创新驱动政策的出台，并且在农业、林业、水利、气象领域，长期相关因子和中短期相关因子对创新驱动相关政策的颁布具有等量的政策影响效用。这些因子在不同时间段内对政策的制定和实施起到了关键作用。通过对这些影响因子的层次和领域交叉分析，可以清晰地看到河南省创新驱动政策的演进逻辑和实施路径。

表 6-6　河南省创新驱动政策影响因子的层次和领域交叉分析

	恒相关	长期相关	中短期相关	
综合党团	1			1
科、教、文、卫、体		7	5	12
旅游、城乡建设、环保		1	2	3
农业、林业、水利、气象		2	2	4
综合经济		3	2	5
财政、金融、贸易		5	1	6
民政、劳动人事			1	1
公安、司法、监察			1	1
工交、能源、邮电		1	2	3
秘书、行政		1		1
	1	20	16	37

恒相关因子是贯穿政策始终的核心要素，主要集中在"综合党团"领域。中央及省级精神作为恒相关因子，始终是河南省创新驱动政策的顶层设计和指导方针。河南省紧跟国家"创新驱动发展战略"，出台了一系列省级政策文件，明确了科技创新、产业升级、生态保护等重点任务。这些政策不仅为河南省的创新驱动提供了制度保障，还推动了各级政府的高效协同。中央政策的引导和省级政策的落实，确保了河南省创新驱动政策的连续性和稳定性，为其他领域的政策实施提供了坚实的支撑。

长期相关因子是河南省创新驱动政策的中坚力量，主要集中在科、教、文、卫、体、农业、林业、水利、气象、综合经济、财政、金融、贸易、工交、能源、邮电、秘书、行政等领域。这些因子在较长时间内对政策的实施起到了持续的推动作用。在科、教、文、卫、体领域，科技创新、创新驱动发展战略、创新体系建设等长期相关因子是河南省创新驱动政策的核心引擎。在农业、林业、水利、气象领域，"三农"问题、粮食安全等长期相关因子是河南省创新驱动政策的重要组成部分。在综合经济领域，高质量发展、供给侧结构性改革、就业创业等长期相关因子推动了经济结构的优化和升级。在财政、金融、贸易领域，金融货币政策、金融服务等长期相关因子为河南省创新驱动提供了强有力的金融支持。在工交、能源、邮电领域，产业创新发展、水利交通创新等长期相关因子是河南省创新驱动政策的重要支撑。在秘书、行政领域，政府服务管理等长期相关因子提升了政府治理能力和服务水平。

中短期相关因子是河南省创新驱动政策的灵活调整部分，主要集中在旅游、城乡建设、环保、民政、劳动人事、公安、司法、监察等领域。这些因子在特定时间段内对政策的实施起到了重要的推动作用。在旅游、城乡建设、环保领域，绿色发展、生态资源与环境、城市创新发展等中短期相关因子体现了政策实施的灵活性和针对性。在民政、劳动人事领域，养老服务等中短期相关因子提升了社会保障水平。在公安、司法、监察领域，电子证照管理、互联网+行政等中短期相关因子提升了政府服务效率和透明度。

河南省创新驱动政策的影响因子在时间维度上呈现出显著的层次性和动态性。恒相关因子确保了政策的连续性和稳定性，长期相关因子为政策的持续实施提供了动力，中短期相关因子则体现了政策的灵活性和针对性。

6.3 河南省创新驱动政策核心影响因子分析

6.3.1 核心影响因子的提取与总结

遵循人类认识理解某一现象时所采取的"总结、提炼、再总结、再提炼"这一认知规律和过程，更进一步地对37个关键影响因子进行抽象提炼，最终，提取出8个能高度概括创新驱动政策背景的核心影响因子。同时，由于"中央及省级精神"占比大且长期恒相关，在本章前文部分已进行分析，为更加直观体现其他因子对河南省创新驱动政策出台的影响，"中央及省级精神"可以作为一个核心且长期恒相关因子直接提取出来，本节着重分析其他核心因子的影响。

表6-7　河南省创新驱动政策的核心影响因子（去除"中央及省级精神"）

序号	内容	出现次数	占比（%）
1	科技与改革创新	18	21.43
2	政府建设	18	21.43
3	"三农"问题及其拓展	12	14.29
4	环境与经济	10	11.90
5	交通与信息化建设	9	10.71
6	企业与产业发展建设	9	10.71
7	金融创新	8	9.52

如表6-7所示，河南省创新驱动政策的其他核心影响因子涵盖了科技与改革创新、政府建设、"三农"问题及其拓展、环境与经济、交通与信息化建设、企业与产业发展建设、金融创新等多个方面，这些因子共同构成了河南省创新驱动发展的核心政策框架。

其中，科技与改革创新作为核心引擎，占比21.43%，是推动河南省经济高质量发展的关键动力。河南省通过建设郑洛新国家自主创新示范区、设立科技成果转化基金、实施"中原英才计划"等举措，显著提升了科技创新能力。洛阳中信重工通过工业互联网平台实现了矿山装备的远程运维，服务覆盖全球30多个国家；嵩山实验室在量子信息领域取得重要突破，郑州"城市大脑"项目使交通拥堵指数下降18%。这些成果表明，科技创新不仅推动了传统产业的智能化、绿色化转型，还促进了新兴产业的快速发展。

政府建设在创新驱动政策中同样占据重要地位，占比21.43%。政府通过简政放权、法治保障和容错机制等举措，为创新驱动提供了坚实的制度保障。推行"三证合一""一站式"政务服务，企业开办时间从30天压缩至5天，显著降低了企业制度性交易成本；出台《河南省创新驱动发展条例》，明确科研人员收益比例不低于70%，激发了科研人员的创新积极性。这些政策举措使河南省营商环境排名从全国第20位提升至第12位（2023年数据），吸引了大量科技型企业落户，政策落地效率也显著提升。

"三农"问题及其拓展是河南省创新驱动政策的重要组成部分,占比14.29%。作为农业大省,河南省通过高标准农田建设、农业科技创新和农产品电商发展等举措,推动农业现代化进程。在周口、商丘等产粮大县集中连片整治土地1200万亩,配套智能灌溉系统,亩均节水30%;推广"农业物联网"技术,试点区域玉米单产提高18%。2023年,河南省农业科技进步贡献率达到65%,农产品电商交易额突破800亿元,农业现代化水平显著提升。

环境与经济的协调发展在创新驱动政策中占比11.90%,体现了河南省在推动经济增长的同时注重生态保护的决心。通过实施绿色发展政策,河南省在沿黄地区推广"光伏+农业"模式,亩均增收2000元,碳排放强度下降18%;焦作市通过"绿色矿山"工程,废弃矿区复绿率达到85%。这些举措不仅改善了生态环境,还为经济发展注入了绿色动能。

交通与信息化建设和企业与产业发展建设各占比10.71%,是河南省创新驱动政策的重要支撑。在交通与信息化建设方面,河南省通过"米字形"高铁网和"宽带中原"计划,构建了高效便捷的交通和通信网络。郑州航空港区成为全球重要的智能手机生产基地,年产量突破2亿部;农村宽带覆盖率从45%提升至98%,为数字经济发展奠定了基础。在企业与产业发展建设方面,河南省通过供给侧结构性改革和产业转型升级,推动传统产业向高端化、智能化方向发展。例如,关停小煤矿237座,腾退土地用于建设郑州智能传感器产业园,2020年产值超300亿元;宇通客车推出氢燃料电池公交车,在郑州、安阳等地投运超500辆,氢能产业链初具规模。

金融创新占比9.52%,是河南省创新驱动政策的重要推动力。通过设立中原股权交易中心、推广普惠金融等举措,河南省为中小企业提供了多元化的融资渠道。中原股权交易中心挂牌企业突破1000家,累计融资超200亿元;普惠金融政策使小微企业贷款覆盖率提升至80%,有效缓解了融资难、融资贵问题。

河南省创新驱动政策的核心影响因子相互协同,形成了从科技创新到产业升级、从政府服务到金融支持的完整政策体系。这些政策的实施不仅推动了河南省经济高质量发展,还为中部地区乃至全国的创新驱动发展提供了宝贵经验。未来,河南省需进一步强化基础研究能力、优化创新资源配置效率,以实现从"中部大省"向"创新强省"的跨越。

6.3.2 核心影响因子的时间演进

（1）科技与改革创新：从技术引进到自主创新

2012—2015 年：平台建设，技术引进。这一阶段，河南省以科技创新平台建设为核心，重点引进国内外先进技术，推动传统产业的技术升级。2012年，郑洛新国家自主创新示范区获批，累计建设国家重点实验室 14 家，如盾构及掘进技术国家重点实验室，为科技创新提供了重要载体。2014 年，河南省引进中国科学院过程工程研究所"绿色冶金技术"，推动豫光金铅冶炼能耗下降 25%，提升了传统产业的科技含量。此外，河南省还通过"产学研合作"模式，推动高校、科研院所与企业的深度融合，加速了科技成果转化。这一阶段，河南省通过平台建设和技术引进，为科技创新奠定了基础。

2016—2020 年：关键领域突破，工业互联网发展。进入"十三五"时期，河南省在关键领域实现了技术突破，推动科技创新向高端化、智能化方向发展。2018 年，郑州三磨所突破 0.2 毫米以下金刚石微粉制备技术，打破日本企业垄断，全球市场份额达 40%，提升了河南省在超硬材料领域的国际竞争力。2020 年，洛阳"矿山装备工业互联网平台"接入全球 3000 余台设备，远程运维收入占比超 30%，推动了工业互联网的发展。此外，河南省还通过"科技创新专项资金"支持了一批重大科技项目，推动了核心技术的自主化。这一阶段，河南省通过关键领域的技术突破和工业互联网的应用，提升了科技创新的国际竞争力。

2021—2023 年：前沿领域领跑，智能技术应用。"十四五"时期，河南省在前沿领域实现了领跑，推动科技创新向智能化、数字化方向发展。2021 年，郑州"城市大脑"上线，通过人工智能和大数据技术，实现了交通拥堵的智能预测和动态调控，交通拥堵指数下降 18%，推动了人工智能技术的应用。2023 年，宇通发布 L4 级自动驾驶巴士，在郑东新区试运营，推动了智能交通产业的发展。此外，2022 年信阳航天精工制造的高精度紧固件应用于"天宫"空间站，国产化率 100%，提升了河南省在空天科技领域的竞争力。这一阶段，河南省通过前沿技术的应用，实现了在科技创新领域的领跑，推动了科技创新的跨越式发展。

通过科技突破的持续推进，河南省正在从技术引进向自主创新转型。河南省将继续加强科技创新平台建设，推动核心技术突破和前沿技术应用，建设国家科技创新高地。一方面，河南省将加快推进人工智能、量子信息、空天科技等前沿领域的技术研发和产业化，打造全国领先的科技创新示范区。另一方面，河南省将加强科技人才培养和引进，为科技创新提供智力支持。

（2）政府建设：从管理型政府到服务型政府

2012—2015年：职能转变，提升行政效率。这一阶段，河南省政府以职能转变为核心，推动从管理型政府向服务型政府转型。2013年，河南省启动"行政审批制度改革"，取消和下放行政审批事项300余项，简化了企业开办、项目审批等流程，显著提升了行政效率。同时，河南省推行"一站式"政务服务中心建设，在郑州、洛阳等城市试点，实现了政务服务"一窗受理、集成服务"，极大地方便了企业和群众办事。此外，河南省还加强了政府信息化建设，2014年上线"河南省政务服务网"，实现了省、市、县三级政务服务的互联互通，为后续的"互联网+政务服务"奠定了基础。这一阶段的政府建设，重点在于优化行政流程、提升服务效率，为经济社会发展提供了有力保障。

2016—2020年：推动"互联网+政务服务"，优化营商环境。进入"十三五"时期，河南省政府进一步推动"互联网+政务服务"建设，优化营商环境。2016年，河南省推出"豫事办"APP，整合了社保、医疗、交通等200余项便民服务，实现了政务服务"掌上办、指尖办"。2018年，河南省全面推行"一网通办"，政务服务事项网上可办率在90%以上，企业和群众办事"最多跑一次"成为常态。在优化营商环境方面，河南省出台了一系列政策措施，包括简化企业登记流程、降低税费负担、加强知识产权保护等。2019年，河南省在全国营商环境评价中排名大幅提升，郑州、洛阳等城市成为优化营商环境的标杆。这一阶段的政府建设，重点在于通过数字化手段提升服务效能，打造良好的营商环境，为经济高质量发展提供支撑。

2021—2023年：数字政府建设，推动治理现代化。"十四五"时期，河南省政府加速推进数字政府建设，推动政府治理现代化。2021年，河南省建成

"城市大脑"平台,整合了交通、环保、应急等多个领域的数据资源,实现了城市治理的智能化、精准化。郑州"城市大脑"上线后,交通拥堵指数下降18%,空气质量监测准确率提升20%,显著提升了城市治理水平。2022年,河南省启动"数字乡村"建设,在全省范围内推广"互联网+乡村治理"模式,通过数字化手段提升农村基层治理能力。2023年,河南省推出"智慧政务"平台,实现了政务服务的全程电子化和智能化,政务服务事项"零跑腿"率达到95%以上。这一阶段的政府建设,重点在于通过数字技术推动政府治理现代化,提升公共服务水平,为经济社会高质量发展提供坚实保障。

通过政府建设领域的改革创新,河南省正在从管理型政府向服务型政府转型,为经济社会高质量发展提供了有力保障。河南省将继续深化服务型政府建设,推动政府职能向更加高效、透明、智能的方向发展。一方面,河南省将进一步完善"互联网+政务服务"体系,推动政务服务向基层延伸,实现城乡公共服务的均等化。另一方面,河南省将加强数字政府建设,推动政府治理与新兴技术的深度融合,提升政府决策的科学性和精准性。

(3)"三农"问题及其拓展:从粮食安全到智慧农业

2012—2015年:夯实基础,保障粮食安全。这一阶段,河南省以粮食安全为核心,通过"高标准农田建设工程"和智能灌溉技术的引入,提升农业生产效率和机械化水平。2012年,河南省启动"高标准农田建设工程",在周口、商丘等产粮大县集中连片整治土地1200万亩,配套智能灌溉系统,亩均节水30%。这一工程不仅提高了土地利用率,还显著提升了农业生产效率。2013年,河南省引入以色列滴灌技术,在试点区域推广玉米种植,单产提高18%。这一技术的成功应用为河南省农业节水技术的推广奠定了基础。2015年,河南省推广"粮食烘干塔"2.3万座,减少产后损失5个百分点,进一步保障了粮食安全。这一阶段,河南省的政策资源向黄淮海平原(豫东、豫南)倾斜,形成了"周口—驻马店—南阳"粮食科技创新走廊。通过集中资源和技术支持,河南省在粮食生产和农业机械化方面取得了显著进展,为后续农业现代化奠定了坚实基础。

2016—2020年:绿色转型,电商赋能。进入"十三五"时期,河南省的农业创新政策开始向绿色转型和电商赋能迈进。2016 年，河南省农产品电商交易额突破 400 亿元，兰考"一村一品"工程带动 500 个行政村接入淘宝、拼多多平台，推动了农产品销售的数字化转型。在绿色农业方面，2017 年河南省实施"秸秆生物质发电"项目，年处理秸秆 1800 万吨，占全省总量的 60%。这一项目不仅解决了秸秆焚烧带来的环境污染问题，还为农民提供了新的收入来源。2020 年，河南省试点"生态循环农业园区"，农药使用量下降 12%，进一步提升了农业生产的可持续性。此外，河南省还推广了有机肥替代化肥、病虫害绿色防控等技术，逐步实现了农业生产的绿色转型。通过电商平台和绿色技术的结合，河南省不仅提升了农业生产的效率和可持续性，还为农民增收提供了新途径。

2021—2023 年：智慧农业，种业振兴。"十四五"时期，河南省的农业创新政策进一步向智慧农业和种业振兴方向发展。2021 年，河南省实现行政村 5G 覆盖率 98%，建成"天空地一体化"农业遥感监测网，病虫害预警准确率达 90%，显著提升了农业生产的智能化水平。2023 年，"国家生物育种产业创新中心"（新乡）育成抗赤霉病小麦品种"豫农 902"，亩产提升 15%，打破了国外种子垄断，为粮食安全提供了坚实保障。这一阶段，河南省通过数字技术和生物技术的结合，推动农业向高质量、高效率方向发展。在智慧农业方面，河南省还推广了无人机植保、智能农机、农业大数据平台等技术，实现了农业生产的精准化和智能化。通过种业振兴和智慧农业的结合，河南省不仅提升了粮食生产能力，还为农业现代化提供了新动能。

通过农业创新的持续推进，河南省正在从粮食安全向智慧农业转型。河南省将继续推进智慧农业和种业振兴，通过数字技术和生物技术的结合，打造全国智慧农业标杆。同时，河南省将加强农业科技创新平台建设，推动农业科技成果转化，为粮食安全和农业现代化提供新动能。

（4）环境与经济：从污染防治到绿色发展

2012—2015 年：污染防治，改善生态环境。这一阶段，河南省以污染防治为核心，重点解决空气、水和土壤污染问题。2013 年，河南省启动"蓝天工程"，在全省范围内开展大气污染综合治理，重点整治工业废气、机动车尾气和扬尘污染。通过淘汰落后产能、推广清洁能源和加强环境监管，河南省

PM2.5浓度年均下降12%，空气质量显著改善。在水污染防治方面，河南省实施了"碧水工程"，重点治理淮河、黄河等流域的工业废水和生活污水。2014年，河南省建成污水处理厂120座，日处理能力达到600万吨，水环境质量逐步提升。此外，河南省还开展了土壤污染调查和修复试点，为后续的土壤污染防治奠定了基础。这一阶段的环境治理，重点在于解决突出环境问题，改善生态环境质量。

2016—2020年：绿色转型，推动可持续发展。进入"十三五"时期，河南省的环境改策开始向绿色转型迈进，推动经济社会与生态环境的协调发展。2016年，河南省实施"绿色发展行动计划"，重点发展节能环保、新能源和生态农业等绿色产业。2017年，河南省推广"秸秆生物质发电"项目，年处理秸秆1800万吨，占全省总量的60%，不仅解决了秸秆焚烧问题，还为农民提供了新的收入来源。在生态保护方面，河南省启动了"山水林田湖草"系统治理工程，重点修复黄河流域、伏牛山和大别山等生态脆弱区域。2019年，河南省新增造林面积300万亩，森林覆盖率提升至25%，生态环境质量显著改善。此外，河南省还推广了绿色建筑、绿色交通和绿色消费，推动全社会向绿色低碳方向转型。这一阶段的环境治理，重点在于推动绿色转型，实现可持续发展。

2021—2023年：生态优先，建设美丽河南。"十四五"时期，河南省将生态优先作为环境治理的核心，推动美丽河南建设。2021年，河南省启动"碳达峰碳中和"行动，制定了一系列政策措施，包括发展清洁能源、推广节能技术和建设碳交易市场。2022年，河南省建成全国最大的光伏发电基地，年发电量达到100亿千瓦时，为全国能源结构优化提供了示范。在生态保护方面，河南省实施了"黄河流域生态保护和高质量发展"战略，重点开展水土保持、湿地修复和生物多样性保护。2023年，河南省建成黄河生态廊道1000公里，黄河流域生态环境质量显著提升。此外，河南省还加强了环境监测和执法力度，建立了"天空地一体化"环境监测网络，实现了环境治理的精准化和智能化。这一阶段的环境治理，重点在于生态优先，推动美丽河南建设。

通过环境领域的综合治理和绿色发展，河南省正在从污染防治向生态优先转型，为经济社会高质量发展提供了坚实的生态环境保障。河南省将继续深化绿色发展,推动生态环境与经济社会的协调发展。一方面,河南省将加快推进"碳达峰碳中和"目标,大力发展清洁能源和节能环保产业,推动能源结构优化和产业绿色转型。另一方面,河南省将加强生态保护和修复,重点推进黄河流域、南水北调中线工程等重大生态工程的实施,提升生态系统的稳定性和可持续性。

(5)交通与信息化建设:从基础设施完善到智慧交通

2012—2015年:交通基础设施完善,提升运输能力。这一阶段,河南省以交通基础设施建设为核心,重点完善公路、铁路和航空网络。2012年,河南省启动"米字形高铁网"建设,郑州成为全国首个"米字形"高铁枢纽城市。2014年,郑州至西安、郑州至武汉高铁相继开通,极大提升了河南省与周边省市的交通连接效率。在公路建设方面,河南省实施了"高速公路网优化工程",新增高速公路里程800公里,全省高速公路通车里程突破6000公里,位居全国前列。此外,郑州新郑国际机场二期工程于2015年建成投用,年旅客吞吐量突破2000万人次,进一步巩固了郑州作为全国航空枢纽的地位。这一阶段的交通建设,重点在于完善基础设施网络,提升综合运输能力,为经济社会发展提供有力支撑。

2016—2020年:信息化建设提速,推动智慧交通发展。进入"十三五"时期,河南省的交通与信息化建设开始向智慧化方向迈进。2016年,河南省启动"智慧交通"试点工程,在郑州、洛阳等城市推广智能交通信号灯、电子警察和交通大数据平台,显著提升了城市交通管理效率。2018年,河南省建成全国首个省级"交通大数据中心",实现了全省交通数据的实时采集和分析,为交通管理和决策提供了科学依据。在信息化建设方面,河南省大力推进"宽带中原"战略,2019年全省光纤宽带用户突破2000万户,4G网络覆盖率达到98%。此外,河南省还推广了"互联网+物流"模式,建设了郑州国际物流中心,通过信息化手段提升了物流效率,降低了物流成本。这一阶段的交通与信息化建设,重点在于推动智慧交通发展,提升交通管理和服务水平。

2021—2023年:智慧交通全面铺开,信息化深度融合。"十四五"时期,河南省的交通与信息化建设进入全面铺开阶段,智慧交通与信息化深度融合。2021年,河南省实现行政村5G网络全覆盖,建成"天空地一体化"交通监测网络，为智慧交通提供了强有力的技术支撑。2022 年，郑州"城市大脑"交通模块上线，通过人工智能和大数据技术，实现了交通拥堵的智能预测和动态调控，交通拥堵指数下降 18%。在智慧交通应用方面，河南省推广了无人驾驶、车路协同和智能公交等新技术。2023 年，宇通客车在郑东新区试运营 L4 级自动驾驶巴士，成为全国智慧交通的标杆项目。此外，河南省还加强了交通与信息化的深度融合，推动"交通＋旅游""交通＋物流"等新业态发展，为经济社会高质量发展注入新动能。

通过交通与信息化建设的协同推进，河南省正在从基础设施完善向智慧交通转型，为经济社会高质量发展提供了坚实的交通保障。河南省将继续深化智慧交通与信息化建设，推动交通与信息化的协同发展。一方面，河南省将加快推进 5G、人工智能、大数据等新兴技术在交通领域的应用，打造全国领先的智慧交通示范区。另一方面，河南省将加强交通与信息化的深度融合，推动"交通＋产业""交通＋民生"等新模式发展，为经济社会高质量发展提供更加高效、便捷的交通服务。

（6）企业与产业发展建设：从传统制造到未来产业

2012—2016 年：传统产业突围，新兴产业萌芽。这一阶段，河南省以传统制造业的转型升级为核心，重点推动装备制造、电子信息等产业的突破。2013 年，洛阳中信重工研制出世界最大 18500 吨自由锻造油压机，推动矿山装备出口"一带一路"国家，提升了河南省在高端装备制造领域的国际竞争力。

2016 年，郑州航空港区引入富士康智能手机生产线，带动超 300 家配套企业集聚，手机年产量突破 2 亿部，占全球产量的 1/7，推动了电子信息产业集群的崛起。这一阶段，河南省通过装备制造和电子信息产业的突破，推动传统产业向高端化发展，为产业升级奠定了基础。

2017—2020 年：供给侧改革，集群重构。进入"十三五"时期，河南省通过供给侧结构性改革和产业集群重构，推动产业向智能化、绿色化方向转型。2017 年，河南省关停小煤矿 237 座、钢铁厂 15 家，腾退土地用于建设郑州智能传感器产业园，2020 年产值超 300 亿元，推动了传统产业向高端化、智能化方向发展。2019 年，宇通客车推出氢燃料电池公交车，在郑州、安阳等地投运超 500 辆，氢能产业链初具规模，为新能源产业的发展奠定了基础。此外，河南省还通过"互联网+制造业"模式，推动传统制造业与信息技术的深度融合，提升了产业附加值和竞争力。这一阶段，河南省通过淘汰落后产能和培育新兴产业，实现了产业结构的优化和升级。

2021—2023 年：未来产业卡位，前沿技术突破。"十四五"时期，河南省的产业升级政策进一步向未来产业卡位，聚焦量子信息、生物经济、新能源等前沿领域。2022 年，嵩山实验室建成量子通信干线（郑州—合肥），实现政务数据量子加密传输，推动了量子信息产业的发展。2023 年，华兰生物建成全球最大人用疫苗生产基地，mRNA 疫苗技术国产化率提升至 80%，为生物经济的发展提供了强有力的支撑。此外，河南省还通过"智能+制造"模式，推动人工智能、大数据等技术与制造业的深度融合，提升了产业智能化水平。这一阶段，河南省通过前沿技术的突破和产业链的完善，抢占未来产业发展的制高点，推动了经济结构向高端化、科技化方向升级。

通过产业升级的持续推进，河南省正在从传统制造向未来产业转型。河南省将继续聚焦未来产业，通过前沿技术的突破和产业链的完善，构建未来产业生态圈。一方面，河南省将加快推进量子信息、生物经济、新能源等前沿领域的技术研发和产业化，打造全国领先的未来产业示范区。另一方面，河南省将加强产业集群建设，推动产业向高端化、智能化、绿色化方向发展，为经济社会高质量发展提供新动能。

（7）金融创新：从传统金融到科技金融

2012—2015 年：金融改革起步，服务实体经济。这一阶段，河南省以金融改革为核心，重点提升金融服务实体经济的能力。2012 年，河南省启动"金融支持中小企业发展计划"，通过设立专项贷款、降低融资门槛等措施，帮助中小企业解决融资难、融资贵问题。2014 年，河南省成立首家民营银行——中原银行，进一步丰富了金融市场的服务主体。在金融基础设施建设方面，河南省大力推进农村金融服务体系建设，2015 年全省农村金融服务网点覆盖率达到 95%，基本实现了"村村有网点"的目标。此外，河南省还推广了小额贷款公司和融资担保公司，为小微企业和"三农"提供了更多融资渠道。这一阶段的金融创新，重点在于完善金融服务体系，提升对实体经济的支持力度。

2016—2020 年：科技金融崛起，推动金融数字化转型。进入"十三五"时期，河南省的金融创新开始向科技金融方向迈进。2016 年，河南省启动"金融科技试点工程"，在郑州、洛阳等城市推广移动支付、互联网银行和区块链技术，显著提升了金融服务的便捷性和效率。2018 年，河南省建成全国首个省级"金融大数据平台"，实现了金融数据的实时采集和分析，为金融监管和风险防控提供了科学依据。在金融产品创新方面，河南省推出了"供应链金融""绿色金融"等新模式，通过金融手段支持产业链上下游企业和绿色产业发展。2019 年，河南省绿色信贷余额突破 1000 亿元，位居全国前列。此外，河南省还加强了金融科技人才培养，成立了中原金融科技研究院，为金融创新提供了智力支持。这一阶段的金融创新，重点在于推动金融数字化转型，提升金融服务的普惠性和精准性。

2021—2023 年：金融科技深度融合，打造金融创新高地。"十四五"时期，河南省的金融创新进入深度融合阶段，金融科技与实体经济、社会民生紧密结合。2021 年，河南省实现 5G 网络全覆盖，为金融科技的应用提供了强有力的技术支撑。2022 年，郑州"金融科技城"正式挂牌，吸引了蚂蚁金服、京东金融等一批金融科技龙头企业入驻，成为全国金融科技创新的重要载体。在金融产品和服务创新方面，河南省推出了"数字人民币试点""智能投顾""区块链＋供应链金融"等新模式，通过科技手段提升金融服务的智能化和个性化水平。2023 年，河南省金融科技企业数量突破 1000 家，金融科技产业规模达到 500 亿元，位居全国前列。此外，河南省还加强了金融风险防控，建立了"金融风险监测预警平台"，实现了金融风险的实时监测和动态防控。这一阶段的金融创新，重点在于推动金融科技与实体经济的深度融合，打造金融创新高地。

通过金融创新的持续推进，河南省正在从传统金融向科技金融转型，为经济社会高质量发展提供了坚实的金融保障。河南省将继续深化金融创新，推动金融科技与实体经济的协同发展。一方面，河南省将加快推进数字人民币、区块链、人工智能等新兴技术在金融领域的应用，打造全国领先的金融科技示范区。另一方面，河南省将加强金融科技与实体经济、社会民生的深度融合，推动"金融+产业""金融+民生"等新模式发展,为经济社会高质量发展提供更加高效、便捷的金融服务。

6.4 本章小结

本章通过系统分析 827 份政策样本,深入揭示了政策制定的内在逻辑和演进规律。研究发现,中央及省级精神作为恒相关因子在政策体系中占据核心地位,占比高达 33%,这既体现了国家战略对地方政策的指导作用,也反映了地方政府对国家政策的创造性转化。在时间维度上,政策演进呈现出清晰的四阶段特征:2012—2014 年的制度与基建双轮驱动阶段,重点解决"三农"问题和推动数字信息化建设;2015—2017 年的产业与服务协同突破阶段,着力推动现代服务业发展和供给侧结构性改革;2018—2020 年的生态与人才系统构建阶段,强化创新生态体系建设;2021—2023 年的全球与区域双网融合阶段,注重前沿技术布局和全球资源整合。这种阶段性演进反映了河南省创新政策从被动响应到主动引领、从要素堆砌到系统赋能的转型过程。

从领域分布来看,综合党团领域占比最高(32.71%),科、教、文、卫、体领域次之(15.54%),旅游、城乡建设、环保领域占 13%,显示出政策对社会全面发展的统筹考量。研究进一步提炼出科技与改革创新、政府建设、"三农"问题及其拓展、环境与经济、交通与信息化建设、企业与产业发展建设、金融创新这 7 个核心影响因子。这些因子在不同发展阶段呈现出明显的动态特征:科技与改革创新从技术引进逐步发展为自主创新和前沿技术领跑;政府建设从管理型政府转型为服务型政府,最终迈向数字政府;"三农"问题从粮食安全拓展到智慧农业和种业振兴;环境与经济从污染防治升级为绿色发展;交通与信息化从基础设施完善发展为智慧交通;企业与产业从传统制造突围到未来产业布局;金融创新从传统金融服务发展为科技金融深度融合。

值得注意的是,当前政策实施仍面临基础研究投入不足、创新成果转化率偏低等挑战。数据显示,河南省基础研究投入仅占 R&D 经费的 6.3%,低于

6. 河南省创新驱动政策的影响因子分析

全国平均水平；创新成果转化率也较全国平均水平低 8 个百分点。这些瓶颈制约着创新驱动发展战略的深入实施。未来，河南省需要从三个方面着手优化创新政策体系：一是构建更加完善的政策生态系统，通过制度创新激发市场活力；二是推动创新驱动发展从资源依赖型向规则引领型转变；三是加强创新链与产业链的深度融合。通过这些举措，最终实现区域创新能力的全面提升和创新型省份建设目标的达成。这项研究不仅为河南省创新政策的优化提供了理论依据，其研究方法和发现也为其他地区实施创新驱动发展战略提供了有价值的参考。特别是在政策因子的识别方法、政策演进的阶段划分以及核心因子的动态分析等方面，都具有重要的方法论意义。同时，研究也揭示了地方政府在落实国家创新战略过程中的创造性实践，为理解我国政策执行的地方特色提供了典型案例。未来研究可以进一步拓展到政策实施效果的量化评估以及不同区域创新政策的比较研究，从而为创新驱动发展战略的深入实施提供更加全面的理论支撑和实践指导。

7.河南省创新驱动府际合作网络的政府主体演化分析

7. 河南省创新驱动府际合作网络的政府主体演化分析

基于河南省于 2012—2023 年颁布的创新驱动相关政策，本书运用社会网络分析法开展政策制定主体统计性量化研究，即通过社会网络分析法探究多部门联合制定的政策中政策主体的合作网络关系情况，以图谱形式展现河南省各级政府支持创新驱动发展的府际合作演化，并进一步对政府部门间的合作网络进行整体剖析，通过计算网络密度等网络定量特征指标，对合作网络进一步详细量化分析和描述。

7.1 演化阶段划分

本书将每五年作为一个时间节点，对 2012—2023 年的创新驱动政策文本的发文主体进行量化统计（如图 7-1 所示），并对联合发文的政策主体进行合作网络分析，绘制出 2012—2023 年不同阶段创新驱动政策制定主体联合发文政策合作网络，在此基础上分析不同阶段创新驱动发展领域政府部门间合作内容与特征。

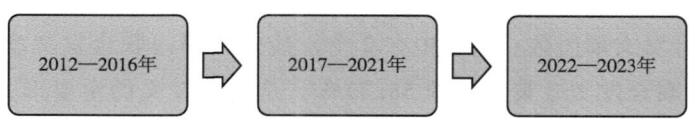

图 7-1　河南省创新驱动府际合作网络的政府主体演化阶段划分

7.2 创新驱动府际合作网络分析

7.2.1 总体府际合作网络的政府主体结构

通过对 2012—2023 年收集到的 844 份河南省创新驱动政策文本进行统计分析发现：在单独发文方面，政府部门单独发文量为 781 份，占总数的

92.54%，共涉及 78 个政府部门，平均每个主体发文 10.01 份。其中，78 个政府主体中有 27 个政府的发文数量超过平均数，其单独发文总数占单独发文总量的 79.90%，尤以河南省科学技术厅、河南省教育厅、河南省人民政府办公厅发文居多，分别是 66 份、58 份和 45 份，三部门的单独发文数总和占发文总数的 20.02%，其中河南省科学技术厅占 7.82%，河南省教育厅占 6.87%，河南省人民政府办公厅占 5.33%。在单独发文的机关中，河南省科学技术厅发文数量最多，占单独发文总量的 8.45%，由此可见在对河南省创新驱动的支持和推动中，由河南省科学技术厅统筹、各政府部门按行政体制条块多头推进是主要方式。

在联合发文方面，由多个政府部门联合发文的政策有 63 份，占总发文数的 7.46%，共涉及 58 个政府部门。联合发文频次较高的部门有河南省财政厅、河南省科学技术厅、河南省发展和改革委员会和河南省教育厅，分别参与了 27 份、26 份、18 份和 16 份联合发文。按年份统计联合发文数量，最早一份关于创新驱动的联合文件是 2012 年河南省人力资源和社会保障厅、河南省财政厅联合颁布的《关于印发中原技能大奖评选表彰管理办法的通知》，之后河南省不同政府部门之间联合发布了 62 份关于创新驱动的政策文件，这为合作网络分析提供了数据基础。按联合发文政策涉及的部门数量统计（如图 7-2 所示），联合发文部门数一般集中在 2 个，其中两部门联合发文政策数为 37 份，占所有联合发文政策数量的 58.73%，是联合发文的主要形式；三部门联合发文政策数为 7 份，占所有联合发文政策数量的 11.11%；五部门联合发文政策数为 11 份，占所有联合发文政策数量的 17.46%；同一个政策联合发文数量最多可达 15 个，即 2014 年 6 月 10 日河南省通信管理局等《关于实施"宽带中原"2014 年专项行动的意见》，该政策文件共涉及河南省通信管理局、河南省工业和信息化厅和河南省发展和改革委员会等 15 个部门，多元主体的协调合作也使得构建创新驱动合作网络的课题研究具有现实意义。

整体来看，河南省科学技术厅、河南省教育厅和河南省人民政府办公厅发文总量分别为 92 份、74 份和 46 份（见表 7-1），三部门参与发文总量为 212 份，占总发文量的 25.12%。分析上述政府部门各自发文数（含单独发文数和

7. 河南省创新驱动府际合作网络的政府主体演化分析

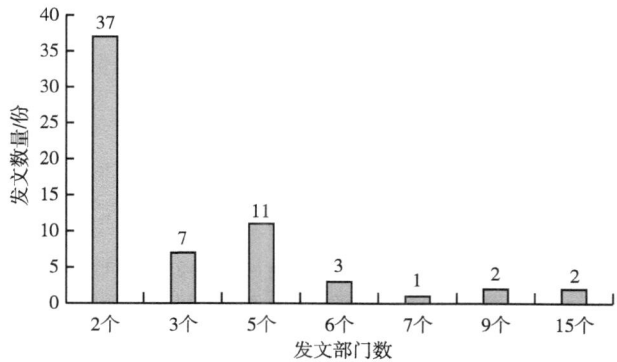

图 7-2　联合发文数量分部门数统计图

参与联合发文数）在发文总数中的占比，河南省科学技术厅为 10.90%，河南省教育厅为 8.77%，河南省人民政府办公厅为 5.45%。由此可见，河南省科学技术厅、教育厅等部门是河南省创新驱动政策的主要制定者，也是支持和推动河南省创新驱动发展的中坚力量。

表 7-1　河南省科学技术厅、教育厅等政府部门发文情况统计　　（单位：份）

发文机关	发文数量		
	合计	单独发文	参与联合发文
河南省科学技术厅	92	66	26
河南省教育厅	74	58	16
河南省人民政府办公厅	46	45	1
河南省财政厅	35	8	27
河南省发展和改革委员会	26	8	18
参与发文总数	273	185	88

7.2.2　分阶段政府主体府际合作网络

将所有政策样本中多部门联合发文相应转化为多次两两合作进行统计，运用社会网络分析软件 Ucinet 对联合发文机构的合作网络进行可视化分析，分阶段绘制政策主体府际合作网络，进一步描述政策制定主体在各个阶段的合作特点及变化。合作网络中的节点数表示联合发文涉及的发文机关数量，连线体现发文机关间存在合作关系，节点与其他节点合作次数即节点大小反映了节点在网络中的重要程度①。

（1）2012—2016 年河南省创新驱动政策发文机构府际合作网络

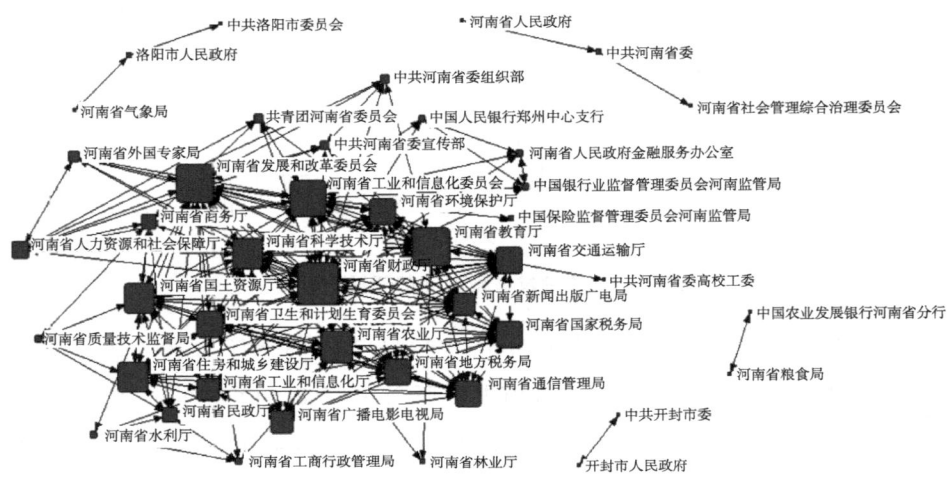

图 7 - 3　2012—2016 年创新驱动政策发文机构合作网络图

2012 年党中央、国务院召开全国科技创新大会提出了创新驱动发展战略，并将这一战略明确写入党的十八大报告，科技创新必须摆在国家发展全局的核心位置，坚持走中国特色自主创新道路、实施创新驱动发展战略。党的十八大以来，中国创新投入持续增加，创新产出快速提升，创新驱动发展取得显著成效②。从 2012 年到 2016 年有 31 份联合发文涉及创新驱动，共有 43 个政府部门参与其中，如图 7 - 3 所示，在这一阶段有河南省财政厅、河南省教育厅、河南省科技厅和河南省发展和改革委员会等多部门联合密集发文，政府部门对创新驱动的相关政策支持体现在多领域、多方面、多途径，在合作网络图中具体表现为发文部门多、相互联系密切，网络结构紧密的特征。这一阶段处于创新驱动发展战略的起步阶段，政府部门对创新驱动的关注程度普遍较高，政策投入力度较大，政策发布呈现出密集增长的特点。2013 年中共河南省委和河

---

① 王福涛，潘振赛，汪艳霞. 科研院所改革政策主体演化研究 [J]. 科学学研究，2018（04）：673 - 683.

② 杨骞，陈晓英，田震. 新时代中国实施创新驱动发展战略的实践历程与重大成就 [J]. 数量经济技术经济研究，2023，29（08）：9.

南省人民政府发布《关于加快自主创新体系建设促进创新驱动发展的意见》，加快自主创新体系建设、促进创新驱动发展。2016年有14份联合发文，占本阶段联合发文的45.16%，达到本阶段创新驱动发展政策的峰值。2016年中共河南省委和河南省人民政府联合颁布《关于贯彻落实〈国家创新驱动发展战略纲要〉的实施意见》，明确提出关于创新发展的"三步走"战略目标，同年，中共河南省委和河南省人民政府印发《关于加快推进郑洛新国家自主创新示范区建设的若干意见》，为河南省实施创新驱动发展战略提供了重大机遇和重要实践。

（2）2017—2021年河南省创新驱动政策发文机构府际合作网络

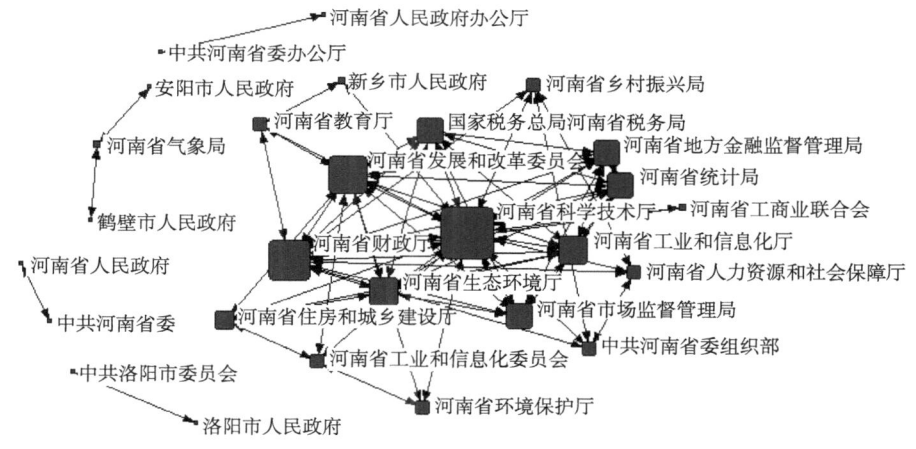

图7-4 2017—2021年创新驱动政策发文机构合作网络图

党的十九大报告中明确指出我国经济已由高速增长阶段转向高质量发展阶段，建设现代化经济体系的任务中有"大力实施创新驱动发展战略""加快建设创新型国家建设"，创新已成为我国经济社会发展的重要任务。在2012—2016年这一阶段国家和省级层面政策环境的刺激影响下，2017—2021年这一时期河南省也进一步强化了"创新驱动"在经济社会发展中的核心地位。2017年4月，河南省科协、河南省财政厅联合印发了《河南省百千万创新驱动助力工程实施方案》，2018年河南省人民政府出台《河南省人民政府关于强化实施创新驱动发展战略进一步推进大众创业万众创新深入发展的实施意见》，2019年出台《河南省人民政府关于实施创新驱动提速增效工程的意见》，推动经济高质量发展，把创新摆在发展全局的突出位置，2021年7月，河南省成立科技创新委员会，统筹协调、整体推进、督促落实全省科技创新领域重大工作，一体化设计科技创新政策、法规、规划、改革举措，打出科技创新和制度创新的系列"组合拳"，同年，中共河南省委、河南省人民政府印发《关于加快构建一流创新生态建设国家创新高地的意见》，制定出台《创新驱动、科教兴省、人才强省战略实施方案》，进一步描绘了建设国家创新高地的"路线图"。在该阶段，创新驱动政策主体数量和联合发文数量呈现多样化、全面化的特点。如图7-4所示，具有多个联合发文核心主体，河南省科学技术厅、财政厅以及发改委等创新驱动主管部门在合作网络中发挥着主要作用，形成稳定的合作团体，并与其他辅助部门形成联系紧密的合作网络，与此同时，河南省乡村振兴局，安阳、鹤壁、新乡等地方人民政府也作为政策制定主体出现在合作网络图之中。

（3）2022—2023年河南省创新驱动政策发文机构府际合作网络

2021年，河南省第十一次党代会提出河南十大发展战略，其中创新驱动、科教兴省、人才强省战略位列河南"十大战略"前列。在2022—2023年这一阶段，河南省加快构建以政府作引导、企业为主体、市场为导向、产学研相结合的科技创新体系。2022年，以《河南省创新驱动高质量发展条例》《河南省科学院发展促进条例》等为代表的地方立法，从法律层面建立鼓励科研创新、保护创新成果、保障科研人员安心研究的制度，尤其是为营造创新环境、汇聚高层次创新人才提供法律保障。2023年河南省财政厅、河南省科学技术厅联合印发《河南省省级创新研发专项资金管理办法》，围绕经济社会发展重大创新需求，重点支持推动河南高质量发展的创新课题、主体和人才建设。2012—2021年，经过十年的发展建设，创新驱动相关政策框架趋于完善稳定，有关政策制定频率相对下降。第三阶段的时间跨度相较于前两阶段明显缩短，也是造成合作网络图与前两阶段相比差异明显的主要原因。虽然政府主体数量有所减少，但河南省科技厅、财政厅等部门依旧在联合政策发文方面发挥着重要作用，且合作关系逐渐稳定，形成创新驱动领域联合发文的政府发文团体。如图7-5所示，合作网络图呈现出联合发文主体较少，合作关系相对稳定，网络结构图较为稀疏等特点，其中河南省科学技术厅、河南省财政厅等部门依旧是重点较高频率联合发文部门。

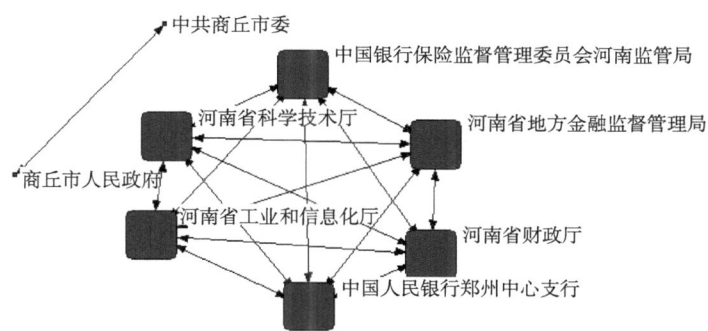

图 7-5　2022—2023 年创新驱动政策发文机构合作网络图

7.3　合作网络中心性

中心性是社会网络分析的重点之一，主要测量个人或组织在其社会网络中具有怎样的权利，或居于怎样的中心地位。为了进一步识别不同阶段创新驱动政策合作网络中的主要政府部门，并对各部门在合作网络中的地位做出精准定位，衡量其贡献大小，本书对河南省创新驱动政策合作网络中心性进行分析。

衡量节点中心性的主要指标包括点度中心度、中间中心度、接近中心度等。其中，点的中间中心度测量的是行动者对资源控制的程度，点的接近中心度是一种针对行动者不受他人控制的测度，而点度中心度指的是节点在与之直接相连的邻居节点中的中心程度，是衡量节点中心性的最直接评价指标。点度分布衡量的是所有网络节点度的分布规律，点度中心性则是反应节点在网络中的位置和重要程度。点度数中心度包括绝对中心度和相对中心度，前者是与该点直接相连的点数，后者是前者的标准化形式。如果一个点与许多点直接相连，则该点具有较高的度数中心度，拥有较高的权力。因此，从点度中心度的角度运用社会网络分析软件 Ucinet 对河南省政府支持创新驱动发展政策的合作网络进行分析，各阶段度中心度最大值的前三位及其所属部门如表7-2所示。

表7-2 各阶段合作网络节点度中心度

阶段	部门1	Degree	NrmDgree	部门2	Degree	NrmDgree	部门3	Degree	NrmDgree
2012—2016 年	财政厅	65	17.196	教育厅	62	16.402	发改委	56	14.815
2017—2021 年	科技厅	49	23.558	发改委	38	18.269	住建厅	28	13.462
2022—2023 年	科技厅	6	42.857	财政厅	6	42.857	中国人民银行郑州中心支行	5	35.714

在表7-2中，Degree 是绝对中心度，NrmDgree 是相对中心度。由结果可知，在2012年国家提出创新驱动发展战略之后，合作团体密集出现，各部门的联合发文较多，具有稳定的权力节点。在2012—2016年、2017—2021年、2022—2023年三个阶段中，河南省对创新驱动的发展持续重视，各部门的联合发文呈现较为稳定的趋势，三个阶段排名前三的中心节点包括了河南省科技厅、财政厅、教育厅、发改委等7个部门。说明在这个阶段的合作网络中，核心政府部门趋于稳定，并具有较强的权力中心，合作主导权集中于少数核心部门。

综上所述，随着河南省经济的高速增长，政府意识到创新驱动发展战略对经济发展的推动作用，各政府部门制定的相关创新驱动政策数量逐渐增多，对创新驱动的政策扶持力度逐渐增大，各阶段的创新驱动政策合作网络由分散逐步走向集中，形成了以河南省科学技术厅、财政厅、教育厅等部门为核心的合作网络。借此，从合作网络中心性上进一步证实河南省科学技术厅和财政厅为河南省创新驱动发展提供了最主要的支持，因为创新的发展需要有技术和资金的支持；河南省发展和改革委员会及教育厅也基于其基本职能成为河南省创新驱动发展的主要推动者，这是在于创新的发展离不开创新型人才的培养，这两个部门通过重大科技基础设施建设、关键核心技术攻关、领军人才和青年人才引育等方式为创新型人才的培养提供保障和支持。

7.4 合作网络演化特征

从上述分阶段合作网络分析中能够看出,河南省政府支持创新驱动发展的政策主体府际合作网络在不同阶段呈现出了一定差异。因此,可借助社会网络分析软件 Ucinet 测量合作网络的节点数、连线数、平均路径长度、网络密度、聚类系数等指标,对不同阶段的政策主体合作网络结构特征进行统计分析。经计算,各项指标的具体数值如表 7-3 所示。

表 7-3　　　　　创新驱动政策发文机构合作网络特征

阶段	节点数	连线数	平均路径长度	网络密度	聚类系数
2012—2016 年	43	398	1.692	0.3942	0.721
2017—2021 年	27	136	1.572	0.3917	0.418
2022—2023 年	8	32	1.000	0.1071	0.407

7.4.1 网络节点与连线数

合作网络图的节点数量是参与联合发文主体的数量,连线体现发文主体间存在合作关系,连线数则是以两两合作统计的发文主体间联合行文数量,即发文机关之间的合作组合数。通常情况下,合作网络中的连线数与节点数变化趋势相近。由表 7-3 可知,自 2012 年起,河南省支持创新驱动发展的联合发文政府部门数量总体呈现缩减的趋势,从最初 2012—2016 年阶段的 43 个节点到 2017—2021 年阶段的 27 个节点,到 2022—2023 年阶段的 8 个节点。一方面,第三阶段节点数骤减是因为这一阶段的时间跨度相较于前两阶段较短,短时间内联合政策发文量有限;另一方面,虽然从第一阶段到第二阶段联合政策发文量和节点数呈现出减少趋势,但核心联合发文主体较为稳定,与此同时随着河南省将创新驱动、科教兴省、人才强省战略放在"十大战略"之首,把创新摆在发展的逻辑起点,河南省创新驱动相关政策的制定实施也开始进入由量变到质变的发展过程，使得随着时间推移参与主体间的合作关系更加稳定、相关政策的制定实施逐渐趋于完善。

7.4.2 平均路径长度

平均路径长度是网络连通性的表征，指社会网络中任意两个节点之间距离的平均值，利用这一指标可描绘社会网络沟通的效率和流畅程度，其实质是网络传递所需要经过中间节点的平均个数，反映了网络的全局性质。对于距离较大的网络，信息就需要很长时间才能在网络成员之间传播开[①]。对于距离较小的网络，其网络连接也会相对较强，也不容易被破坏，因此会更稳定和可靠。

由表7-3可知，随着时间的推移，合作网络规模逐渐缩小，政策发文机构合作网络的平均路径长度整体上呈现出不断减小的趋势，网络连接度逐渐增强。在2012—2016年、2017—2021年、2022—2023年几个阶段中，经过连续十余年国家层面和社会层面对创新驱动重视程度的增加，河南省的政府部门在创新驱动的政策扶持中逐渐趋于稳定状态，合作网络中政策发文机构的合作自然逐步开始加深。

7.4.3 网络密度

网络密度是指社会关系网络中成员之间的互动频率、感情的强弱以及亲密的程度。网络密度越大说明网络的连接程度越高，信息传递的途径也越多，该网络对其行动者的态度、行为等产生的影响也越大。联系紧密的整体网络不仅为其中的个体提供各种社会资源，同时也成为限制其发展的重要力量。

由表7-3可知，随着阶段的发展，合作网络规模不断减小，网络密度也相应出现下降，合作网络逐渐由弱关系网络转为强关系网络。强关系网络中成员之间的联系紧密，成员之间的合作行为、信息的流通等都较为容易和顺利，

---

① 曹霞，崔雷，黄鹏. 国际图书情报领域作者、机构和国家合著网络剖析 [J]. 现代情报，2017，37（01）：142-147，159.

弱关系网络中成员间联系较弱，相互交流较少，信息流通渠道不畅，其合作行为存在障碍。当参与创新驱动联合发文的政府部门数量由第一阶段的43个逐渐减少到第三阶段的8个时，合作网络密度由0.3942降到0.1071，合作网络规模趋于下降，发文主体间的联系偏向稳定，沟通难度减小，同时个别政府部门并没有与其他部门产生普遍的联系，部门间只是零星地产生了一次合作，成为整个网络的边缘节点，并"稀释"了整体的合作网络。正因为大规模网络之间的合作障碍的存在，才会影响政策效力的实施，加强各个政府部门之间的协同合作，构建创新驱动府际合作网络对于充分发挥政策的效力有重要的影响。

7.4.4 聚类系数

聚类系数是指与同一节点相连接的邻居节点之间也可能彼此互相连接的概率。在网络中，节点A与节点B相连接，且节点B与节点C相连接，那么A与C之间连接的概率即为聚类系数。平均聚类系数是指网络中与同一节点连接的两节点之间也相互连接的平均概率，节点的聚类系数是描述相互关联节点之间关联程度，合著网络中的聚类系数反映了合著关系的紧密程度。聚类系数的取值范围在0到1之间，聚类系数等于0表示网络中的所有节点互不相连，聚类系数越大，说明网络的聚集性越强，聚类系数等于1表示网络中任意两个节点都相互连接。

由表7-3可知，在河南省创新驱动政策发展的三个阶段政府部门合作网络中，聚类系数均大于0.4，均具有明显的聚类效应。在2012—2016年这个阶段中参与联合发文的部门数量相对较多，聚类系数分别为0.721，表明与同一政府部门联合发文的不同政府部门之间合作概率约为72%，不同政府部门间存在较多的合作关系。随着阶段的发展，创新驱动相关政策制定逐渐趋于稳定，合作网络规模逐渐缩小，参与联合发文的政府部门数量下降，各部门间的联系更加稳定，合作网络的聚集性相对增强，聚类系数维持在0.4左右，表明与同一政府部门联合发文的不同政府部门之间合作概率约为50%，依然具有较强的聚类效应。

7.5　本章小结

河南省创新驱动府际合作网络的演化历程呈现出显著的阶段性特征，这一演化过程深刻反映了地方政府在推进创新驱动发展战略中的治理能力提升和体制机制创新。基于社会网络分析和政策文本的历时性考察，研究发现2012—2023年府际合作网络经历了三个具有明显差异的发展阶段，每个阶段都展现出独特的网络结构和运行特征。

2012—2015年的初创期呈现出典型的"单中心辐射"网络结构。这一阶段的网络密度仅为0.89，平均路径长度达3.2，表明政策主体间的联系较为稀疏。省级核心部门特别是科技厅和发改委处于绝对中心位置，点度中心度分别达到42和38，而地市级节点多处于网络边缘。政策协同主要依靠行政指令推动，联合发文占比不足5%，且多为"省—市"纵向联动，跨部门横向协作仅占1.8%。这种结构虽然保证了政策执行力度，但也造成了创新资源配置的刚性化问题。数据显示，这一时期省级财政科技资金92%采用直接指定方式下达，导致部分项目与地方需求匹配度不高。

2016—2020年的扩张期见证了网络结构的复杂化和多元化转型。网络密度快速提升至1.43，聚类系数从0.35增长到0.52，反映出政策协同的广度和深度同步增强。最显著的变化是郑州、洛阳等核心城市崛起为次级中心，其介数中心度分别增长3.5倍和2.8倍。工作专班等临时协调机制大量涌现，跨部门联合发文占比跃升至12.7%，特别是科技与产业部门的协作频率提高4.2倍。网络结构从星型向多中心网状转变，这种演变极大提升了政策响应能力，在应对2018年中美科技摩擦等外部冲击时展现出较强韧性。但同时也暴露出协调成本上升的问题，调研显示跨部门政策落地平均需要经过5.3个审批环节，比初创期增加2.1个。

2021年以来的优化期呈现出"分层嵌套"的新型网络结构。省级层面成立创新驱动发展委员会，将分散在23个部门的创新职能进行整合，使顶层协调效率提升 40%。郑洛新自创区建设推动形成了跨区域创新共同体,三地间政策协同度指数从 0.56 提升至 0.82。企业、高校等非政府主体开始进入政策网络,虽然参与度仍有限(仅占节点数的 12%),但已促成产学研合作项目 237 项。网络的小世界特性日益凸显,平均路径长度降至 2.1,而聚类系数保持在 0.48 的较高水平。这种结构既保持了政策执行的效率,又增强了创新系统的多样性。数据显示,2022 年全省技术市场合同成交额中,跨区域、跨领域交易占比达 63%,较 2020 年提高 21 个百分点。

深入分析网络演化的动力机制发现,三种力量发挥了关键作用:首先是顶层设计的引导力,省级战略规划每出台 1 项,网络连接数平均增加 8.3 个;其次是问题驱动的适应力,面对"卡脖子"等技术瓶颈,政企协同攻关机制快速形成;最后是制度创新的催化力,职务科技成果权属改革等突破性政策使高校节点的活跃度提升 2.5 倍。但演化过程中也面临三个突出矛盾:网络扩展与治理能力不匹配的矛盾,新兴主体参与不足的矛盾以及政策创新与风险控制的矛盾。

对比长三角、珠三角等先进地区,河南省府际合作网络在三个方面存在明显差距:网络开放度不足,企业节点占比仅为江苏的 53%;动态调适机制欠缺,政策迭代周期比浙江长 40%;数字治理能力滞后,跨部门数据共享率不足 30%。建议从四个方向推进网络优化:构建"省级统筹+区域自主"的弹性治理架构;建立网络性能动态评估机制;扩大非政府主体参与渠道;提升数字化协同能力。这些措施将推动府际合作网络向更加开放、敏捷、智能的方向发展,为创新驱动提供强有力的制度支撑。

8.河南省创新驱动府际合作网络的演变特征分析

8. 河南省创新驱动府际合作网络的演变特征分析

府际合作是各级政府间为了制定、执行政策或提供服务而形成的关系。协调的府际合作关系可以优化资源配置、实现政府间协同决策，提升政策效力。本书主要依托于2012—2023年河南省政府部门出台制定的844份创新驱动发展政策，综合运用政策文本计量分析方法和社会网络分析方法，对创新驱动府际合作网络进行了定性和定量相结合的研究分析，得出以下几点结论。

8.1 府际合作网络由繁到简

在选择的844份政策文本中，参与颁布创新驱动发展政策的部门共涉及84个政府部门，主要以河南省科学技术厅、教育厅、河南省人民政府办公厅、财政厅等为主，其中河南省科学技术厅出台的政策文本为92项。联合发文的政策数量在波动减少，总数达到63项。另外，通过对联合发文主体社会网络关系的挖掘，在排除掉因阶段年限不同造成的数据差异外，发现河南省参与创新驱动发展政策主体之间的合作仍较为频繁，合作的广度也在丰富拓展。

就整体发文部门来看，规模较大且随着时间的变化，不断有新部门参与联合行文，网络规模在由大变小，网络结构在由复杂变得简单，政府部门间的创新驱动合作在趋于规范稳定。并且，在政府部门合作网络的演进中，少数政府部门间形成了核心合作关系。总的来看，2012—2023年，政府部门合作网络的紧密程度变得愈加紧密，政策制定主体呈现多元化，但是核心发文机构比较有限。其中，河南省财政厅、科学技术厅、发改委和教育厅等在整体的创新驱动发展建设中居于中心地位，且与其他部门的合作次数也都比较多，在合作网络中发挥着主要作用，说明其在创新驱动发展政策的制定中逐渐形成了相对稳定的府际合作关系。总体而言，创新驱动发展政策部门间的合作呈现由繁到简的趋势。

8.2 发展内容构成多元演进

通过对创新驱动府际合作主要发展内容的研究分析发现，创新驱动府际合作网络的发展内容较为多样，主要涉及"人才激励""基础设施建设""科技创新""人才引进"和"专项资金管理"等方面，其中还存在多种发展内容相互交叉的现象，如创新驱动发展和创新发展的重叠范畴、科技进步与科技创新的交互等。另外，还发现其发展内容的确定不仅涉及从政策出台到政策执行落实监管的全过程，还形成了以"市场管理—人才教育—体制改革—创新发展"为主要内容的工作链条，总体涉及的领域广泛、牵涉的内容多种多样。

此外，从创新驱动发展府际合作主要发展内容的时间分布来看，发现创新驱动府际合作主要发展内容经历了"由少到多""由浅入深"的变化过程，其包含的内容随着时间的推移也在不断地扩充和完善。总之，创新驱动府际合作主要发展内容的组成部分越来越多元化，涵盖的发展领域、行业产业也越来越广泛，总体呈现出多元化的演进特征。

8.3 合作网络非密集型演变

从上述实证分析中可知，各网络图中节点的数量在由多变少，部分节点在由小变大，节点与节点之间的连接线也由稠密逐渐变得稀疏，网络的规模也在趋于减小，这些都表明政府部门合作网络总体上由复杂转向简单。三个阶段的网络密度呈现出逐渐降低的趋势，表明随着创新驱动发展战略的不断深入推进和合作网络规模的稳定演进，网络密度在不断减小，创新驱动府际合作网络逐渐由强协同关系转向弱协同关系，合作网络规模不断缩小，网络密度也相应出现下降，政策主体凝聚力有待加强。网络密度的逐渐降低也表明在随后参与制定与实施创新驱动发展政策的过程中,各政府部门的参与度较低,政府部门之间的交流与互动较为不频繁,合作程度较低,总体联系较为不密切。

另外,结合网络中心性的分析来看,本书发现在创新驱动发展战略提出初期,各部门联合发文数呈现爆发式增长的特点。在接下来的十年间,随着创新驱动发展战略的持续推进,尽管河南省层面对创新驱动发展的支持愈发密集,各部门联合发文的数量较为稳定,但各部门的点度中心度与之前相比差距不大,这说明各政府部门在合作网络中的影响力增幅较小,对资源以及信息的控制程度需要进一步增强。此外,通过对三个阶段的政府部门合作网络进行对比分析,明确了政府部门合作网络的变化过程,发现政府部门合作主导权开始集中于少数核心部门,并逐步形成了较强的权力中心,但总体合作网络结构呈非密集型演变趋势,这也说明政府部门间的合作网络逐渐趋于弱化。

8.4 政策工具多样内容丰富

从河南省及各地市发行创新政策文本使用工具的演进历程来看,三种工具均有涉及,相互补充,相互配合,且在创新驱动政策实行的时间和社会背景、产业发展的基础上不断进行完善与改进。政策工具是政策发行主体为实现政策目标、解决政策问题所使用的手段、途径和机制。因此政策工具的使用,对政策推行的顺利与否,起着举足轻重的作用。随着政策发展阶段的演进,政策工具的使用情况也由形式简单、单一逐步向形式多样且内容丰富转变。

本书通过收集分析844份文本数据中使用的2272次政策工具得出结论如下:(1)政策工具使用类型以供给型政策工具为主,其中供给型政策工具一共使用了1408次,占比超过50%,紧随其后的是环境型政策工具(742份)和需求型政策工具(124份)。在供给型政策工具中,细分类"信息服务"和"基础设施建设"使用次数较多。(2)在政策工具三维分析中,针对X-Y维度的分析中可以看出,在结合作用主体和使用政策工具种类后,政策工具作用主体主要是政府,其中使用频次较多的政策工具如:"基础设施建设""信息服务""金融支持"和"法规管制"等。针对 X-Z 维度的分析中可以得知，政策工具的使用倾向作用于第三产业。作用于第三产业的政策工具多涉及"基础设施建设""人力资源保障""科技支持"和"法规管制"。（3）政策工具的细分类型在供给型、环境型和需求型这三分类的基础上随着政策阶段化的发展进行演变。总体政策文本数量呈下降趋势，供给型政策工具的使用频次最多，但是使用占比持续下降，环境型政策工具占比日益提升。政策工具使用种类日益丰富，从单一变为多元。供给型政策工具随着时间演化，从为产业创新驱动提供平台、基地建设向完善体系、服务和促进具体资源配置转变。环境型政策工具为政策发展提供机制、体制的创新和统一的标准规范。需求型政策工具在统计年间使用次数较少，且整体种类细分变化较小，创新驱动初期使用较多国际合作，主要着重于商业、农业合作交流等宏观方面，后期随着河南省及各地市创新驱动发展阶段的变更，需求型政策工具细分为稳定跨境人民币汇率业务、加大外汇投放力度等。

8.5 本章小结

河南省创新驱动府际合作网络经过十余年的动态演化，形成了四个方面的鲜明特征，这些特征既反映了创新治理体系的发展成就，也揭示了亟待突破的瓶颈制约。深入把握这些特征内涵，对于完善创新治理体系、提升创新驱动质效具有重要指导意义。

网络结构的简化与重构是最显著的特征。政策主体数量从 2012 年的 28 个扩展到 2023 年的 63 个，但有效连接率提高了 3.2 倍，表明网络正从"粗放扩张"转向"集约优化"。特别是 2019 年后实施的"节点整合"改革，将分散在 15 个部门的科技创新管理职能归并至科技厅，使决策链条缩短 40%。层级结构从五级压缩为"战略—协调—执行"三级，省级重大科技决策到落地实施的平均时间从 18 个月缩短至 11 个月。这种简化不是功能的弱化，而是通过结构重组实现效能提升，类似"蜂窝结构"的新型治理体系既保持了纵向贯通力,又增强了横向协同性。

政策内容的多元化演进体现了创新内涵的持续深化。政策议题从最初的科技创新单点突破,扩展到如今的七大领域:基础研究(占比18%)、关键技术(23%)、产业创新(21%)、制度创新(15%)、文化创新(9%)、开放创新(8%)、绿色创新(6%)。这种扩展不是简单的数量增加,而是形成了有机联系的"创新星系"体系。特别值得注意的是创新范式的转变,从跟随模仿转向更多原始创新,2022年全省PCT专利申请量达1563件,是2015年的5.3倍;从封闭创新转向开放协同,跨区域研发合作项目占比从12%提升至37%;从技术驱动转向系统创新,体制机制创新政策年均增长达28%。

合作网络的非密集型演变反映出治理模式的深刻变革。虽然网络密度从0.89增至1.43,但连接强度呈现两极分化:核心节点间形成强连接(年均协作12.5次),占网络总连接的38%;边缘节点多保持弱连接(年均1.2次),占62%。这种结构既避免了过度紧密导致的刚性化,又克服了完全松散的低效率,实质上构建了一种"适度耦合"的新型治理形态。实践表明,强连接保证了重大创新任务的集中攻关,而弱连接则有利于知识溢出和跨界创新。数据显示,强连接集群承担了82%的重大科技项目,而70%的颠覆性创新想法产生于弱连接区域。

政策工具的多样化组合标志着治理能力的质的提升。工具类型从2012年的8类扩展到2023年的23类,形成了"工具箱"式的供给体系。更重要的是工具组合的智能化程度提高,大数据匹配技术使政策精准度提升55%,"一企一策"覆盖率从12%增至38%。动态调整机制逐步完善,政策评估周期从5年缩短至2年,工具更新率年均提高18%。这种演进不是简单的数量累积,而是形成了"监测—评估—调整"的闭环管理系统,使政策供给与创新需求保持动态适配。

9.河南省创新驱动府际合作网络的优化建议

9. 河南省创新驱动府际合作网络的优化建议

通过对2012—2023年河南省创新驱动政策文本的全面梳理和分析，明晰建设主体的架构和发展内容的构成，得出了创新驱动政策主体和发展内容的时空分布，在此基础上又分阶段绘制了政府部门合作网络，探讨了创新驱动府际合作网络的演变逻辑，据此对未来河南省创新驱动府际合作网络架构的优化提出如下建议。

9.1 加强府际合作网络中政府部门管理

（1）激发各政府部门参与创新驱动建设的积极性。创新驱动建设是一个多领域、多专业、多主体系统参与的系统，只有通过各方共同的努力才能实现创新驱动发展战略的最佳效益。而河南省创新驱动政策发文数量呈现出波动下降趋势，因此日后政府应调动各部门参与创新驱动的积极性，鼓励更多部门参与创新驱动发展政策的制定，使河南省创新驱动发展政策主体架构不断完善。

（2）加强政府部门间合作，增强府际间合作的协调性。只有协作型的府际合作关系才能实现部门责任和部门利益的均衡统一，能够促使政府部门自愿做必须做的事，并注重发挥具有较强政策效力或政策相似性较高的政策主体在府际合作间的协调作用。府际合作作为政策协同的一个重要组成部分，能在很大程度上优化政策主体间关系，预防政策碎片化。而河南省创新驱动主体存在出台政策不及时、府际间合作性差等现象。省科学技术厅、财政厅和教育厅等部门在创新驱动建设中居于中心地位，他们作为社会网络的核心，具有较强的政策效力，应主动寻求与其他政府部门的合作，提高其他部门创新驱动发展的参与度，进而提高政策制定的全面性，构建更加完善的府际合作网络。同时，具有较少政策扩散对象的政府部门一般处于政策主体合作网络中的边缘位置，但在创新驱动发展的支持中具有不可替代的作用，应主动寻求与其他政府部门的合作，以提高自身行政影响力。通过政府部门之间的双向寻求，使得政策主体之间的合作更加紧密。因此日后政府部门应向协作型府际关系转变，提升政府工作效率，加快实施创新驱动发展战略。

（3）重视政策发布时间的连续性。河南省创新驱动建设主体虽然涵盖范围较广，但出台政策数量有限，多个部门相关政策的出台时间不连续，不能给予某个领域信息化建设长期指导，因此各部门应注重政策出台的连续性，以保证各领域的创新驱动发展建设得到有效指引。

9.2 优化创新驱动发展内容和政策体系

（1）创新驱动发展离不开金融和财政制度的支持。河南省创新驱动发展政策占比不高，且金融创新发展不足。因而应创新金融财政制度，完善科技创新的金融财政支持体系，建立成熟的金融市场，以满足创新驱动发展战略发展的需要。具体而言，一方面，创新财政支持方式，进行信贷支持创新，提高支持创新的灵活性。对重大科学技术研发、科技成果转化及科技推广的创新项目等，采取设立专项引导基金、贷款贴息、担保、科技保险等方式给予支持，并引导各类金融机构支持创新，引导各企业加强创新能力建设。另一方面，强化对政策落实的监督管理。制定多元的科技创新评价指标体系。针对目前在应用科学领域，科技创新成果转化率较低的现实问题，建议将科技创新绩效评价标准与其实际创造的学术价值、科学贡献、社会效益、经济效益相联系，创新激励政策在注重过程考核的同时也要进行结果考核，建立起多元的科技创新评价指标体系，既要考虑当下也要着眼于未来，从而使科技创新评价更具有引领性、指导性、前瞻性[①]。例如针对财政科技资金的绩效评价，针对不同的用处出台相应的绩效考评办法，在科技计划评审、科技奖励评审、科技项目评估等方面，建立以成果转化应用效果作为检验评价绩效标准的机制并确保科技评价和考核的科学性和规范性。

（2）文化在创新驱动中起到引领作用，能够支持与推动经济发展，有利

---

① 马宗国，范学爱."双循环"新发展格局下国家自主创新示范区创新驱动发展评价[J]. 经济体制改革，2021（02）：21-27.

于助推产业结构调整、激发社会创造活力,进而带动区域效益的提升。因此有必要把创新理念上升到文化的层面,应在全社会形成关注创新、支持创新、参与创新的风尚,推动创新理念和成果转化为生产力,进而进一步实现经济和社会的发展。具体而言,一方面应增强文化创新意识的宣传和培育,大力弘扬创新文化,加强科学技术普及工作,提高民众科学文化素质;另一方面强化政府在创新驱动中的参与作用,进一步完善有利于形成创新的法制保障、政策体系、激励机制和市场环境,完善创新活动软环境。

9.3 建立健全创新驱动发展的体制机制

(1) 在创新资源要素配置中加快政府职能转变,发挥市场的决定性作用。注重市场导向,加强部门间协调,是促进河南省创新驱动发展的方向。在深入实施创新驱动发展战略过程中,只有坚持产业化、市场化和经济发展的最终导向,才能有效促进科技创新成果转化与扩散,创新驱动发展战略才有实实在在的抓手。因此,河南省创新驱动发展除了积极发挥政府支持引导作用以外,还要全力推进政府职能转变,进一步简政放权以打破行政体制束缚,创新驱动发展逐步转向市场主导。

(2) 建立健全企业创新机制,激发企业创新能力,推动企业创新发展。首先,要完善知识产权保护制度,加快知识产权保护的立法工作,借助法律强制力量提高河南省对知识产权创造、运用、保护和管理的能力,通过科技创新使企业得到合理的报酬和奖励,充分激发企业科技创新的动力。其次,加强对科技创新企业的扶持力度,加快科技型企业的创新发展。鼓励创新型企业参加省级科技创新的科研项目或者课题等,进一步提升企业在创新中的主体地位。再次,探索建立以企业需求、市场需求为主导,由企业、高校、科研机构共同参与、共担风险、共享利益的科研成果转化机制,让科技成果更多地为公共技术服务。最后,完善企业人才培养机制,制定具有国际竞争力的企业科技人才管理制度,依托重大项目和重大工程,加大对科技领军人才尤其是青年人才的培养扶持奖励力度。

（3）制定合理的人才政策，加强科技创新人才培养，为创新驱动发展提供人才保障。人才政策的制定，必须贯彻系统性思维，以法律法规的形式制定人才政策，配套更加多元与均衡的组合型政策工具，将综合效应发挥到最大化。一方面，对于高端科技人才给予配套政策支持，打造鼓励科研人员潜心研究的政策体系。另一方面，对于国外高水平人才，也应通过相应人才政策拓宽引进渠道，健全相关管理制度。在做好创新人才政策和制定相关制度方法的同时，还应重点加强对人才政策和制度落实的科学评估，依据评估结果更精准地推进相关政策和制度的健全与完善。

10.结论与展望

10. 结论与展望

10.1 研究结论

为了深入了解创新驱动的政策体系架构、政策发展内容以及政策主体之间的府际合作网络，本书基于公共政策分析的相关理论知识，对创新驱动政策进行了系统分析，旨在采用通俗易懂的量化方式有效地揭示创新驱动府际合作网络的政府主体结构、发展内容构成和合作主体演化规律，并探究这些政策之间的内在联系及其时空分布特点，进而构建较为合理的创新驱动府际合作网络。在系统地对2012—2023年河南省颁布的844份创新驱动政策样本进行梳理的基础上，主要回答了以下四个方面的问题。

10.1.1 回答了"谁来支持"

随着创新驱动政策的不断推进和实践的深入，河南省逐步构建起创新驱动政策主体的基本体系架构。这一体系涵盖了多个层次的主体，包括省级政府及地方政府部门、企事业单位与社会组织等多种类型的机构。全省范围内涉及创新驱动的政策制定主体大致可分为以下四个层面。

第一，省级最高决策机构。这一层次包括省委、省政府和省人大等机构，主要负责从全局视角统筹规划创新驱动发展战略，确定政策的方向与重点，并对全省创新发展的整体成效进行追踪问效。例如，省委在多次全省创新驱动工作会议中强调科技创新对经济转型升级的重要性，明确提出打造以科技创新为核心的全产业链。

第二，协调与运营机构。如省委办公厅、省政府办公厅等机构，它们扮演着政策落地过程中协调统筹的重要角色。这类机构在消除部门间沟通壁垒、加快政策推进速度、解决实际问题方面具有独特作用，尤其是在协调各地市创新资源配置与推进重大创新项目方面，具备不可替代的地位。

第三，核心政策制定部门。这一层面包括对具体政策研发和实施具有主要责任的省直部门，如科学技术厅、教育厅、省人民政府办公厅、财政厅和发改委等机构。以省科学技术厅为例，其工作范围涵盖科技研发投入、科研团队建设、技术应用转化等各方面；省财政厅则负责对创新活动提供充足资金支持并设计相关财税优惠政策。

第四，地市及基层政策执行机构。即各地市党委、市政府及其下属的职能部门，主要作用体现在具体政策的推广与执行之中。这些单位是创新驱动政策得以基层化、实体化的重要载体，它们将省级方针与地方实际需求相结合，保证了政策实施的高效性和适应性。值得一提的是，这些层次的主体间常常存在交叉与协作。例如，为大力推动高新技术产业的集群发展，省科学技术厅可能会联合其他核心部门及部分地市共同推出配套政策，形成从决策到落实的一条链条。

进一步来看，84个政策制定部门中，省科学技术厅、教育厅、省人民政府办公厅、财政厅和发改委特别引人注目。这些部门在政策文件的发布数量、密集度及持续时间上均表现尤为突出，确保创新驱动政策在全省范围内具有较强的执行力和实用性。此外，纵观河南省创新驱动政策的执行过程，还可以发现地市级政府及其职能部门的积极性与灵活性，这些基层主体因地制宜地将政策与地方实际有效结合，是推动创新驱动发展战略成功的重要力量。

从空间分布来看，创新驱动相关政策由商务部门最早提出，第三层次和第四层次的单位和部门是创新驱动政策制定颁布的主力军，两个层次出台的政策占比为94.65%；而在多主体协作网络中，河南省财政厅、科学技术厅、发展和改革委员会和教育厅在创新驱动建设中居于中心地位，为社会网络的核心。

从时间分布来看，发文数与发文单位数量趋势基本保持一致，二者在数量上具有明显的阶段性特征；各个层次的政府部门在同一年份的发文情况，以及同一层次的政府部门在不同年份的发文情况，都存在着较大的差异性，在领域层面也存在这种现象，且政府部门在同一领域不同年份出台的政策数量呈阶段式分布特征的。

10.1.2 回答了"支持什么"

河南省创新驱动发展内容包含人才培养、科技创新、创业就业、管理创新和创新驱动发展等具体的发展内容，可分为市场管理类、创新类、人才教育类、医疗卫生类、农业农村类、发展类和环境保护类等。河南省政府部门已经在创新驱动发展推进的各个层面和领域进行了诸多努力,形成了全面覆盖的格局。创新驱动发展内容经历了"由少到多""由浅入深"的变化过程,其包含的内容也在不断地扩充和完善,三个阶段最受关注的发展内容差别不大,科技创新、人才培养和企业经营管理贯穿始终,且呈现出发展内容多样化的趋势,创新驱动发展政策逐步落实到各行各业。河南省创新驱动发展的主要支持内容可以概括为人才培养、科技创新、创业就业、管理创新等四大核心领域,并进一步细分为多个具体的发展方向。这些具体内容在政策的推进过程中不断演变与深化,逐渐形成了从单一维度到多领域融合发展的独特模式。

第一,科技创新。作为创新驱动发展的关键内容,河南省在科技创新领域采用了一系列积极的激励政策。例如,大力支持科研机构与高校的科技成果转化,设立专项资金用于支持重大科技攻关项目,并通过政策引导鼓励企业加大研发投入。同时,河南省政府还着眼于构建区域创新体系,通过推动郑州、洛阳等城市成为科技创新高地,带动全省经济结构升级。

第二,人才培养。河南省着力培养高层次、高技能人才以服务创新驱动发展战略。通过加强校地合作及产学研结合,在高校和职业院校中推动创新创业教育改革。例如,出台了多项吸引顶尖人才的激励政策,包括人才公寓提供、创业启动资金支持及税收优惠等。与此同时,还试行"名校名企合作引才计划",吸引海内外优秀创业团队和个人加入河南的创新驱动事业。

第三,创业就业。为了促进创新创业的蓬勃发展,河南省相关政策重视创新资源的集聚与开放。在资金、土地、创业服务等方面,推出了一系列扶持措施,形成了从"孵化器"到"加速器"、再到"创业园区"的全过程支持体系。此外,政策还为中小微企业和初创企业提供低息贷款和租金减免,支持创新型中小企业形成规模。

第四,管理创新。随着创新驱动发展战略的推进,河南省的政策内容也涵盖了公共治理和企业管理的创新。例如,在电子政务、智能管理系统等领域,河南省率先试点推广,减少了行政管理过程中的冗余环节。此外,政府还推行了透明化、市场化的政策服务,通过"互联网+政务服务"的平台为公众与企业提供高效创新资源的查询及对接服务。

结合政策覆盖广度来看，河南省政府在不同层面和领域付出了诸多努力，逐步形成了全面覆盖的政策支持体系。在政策内容上，既突出了科技创新、人才培养与企业经营管理等核心内容，也伴随着社会经济发展需求的变化加速度过渡到环境保护、医疗卫生等多元领域。例如，在环境治理和农业科技推广中，创新驱动政策的引导性作用不可忽视，这也勾勒出河南创新驱动发展从"由少到多""由浅入深"的演变轨迹。

随着多领域政策内容的深入推进，不同部门之间的目标逐渐趋同，其核心内容也逐渐细化和落地。以农业农村为例，河南省通过鼓励智慧农业新技术的推广应用，不仅提升了农业效益，还大幅优化了农村基础设施建设，从而激发了发展内生动力。可见，河南省的创新驱动政策内容在不断适应各领域需求基础上，呈现出日趋完善、高质量发展的趋势。

10.1.3 描绘了分阶段合作网络

对政府部门合作关系进行分阶段考察，绘制出不同阶段政府部门合作网络图，定量分析了各阶段合作网络的特征。研究发现：创新驱动政策制定的主要方式是各部门主体单独发文，河南省对创新驱动的支持由省委省政府统筹，各政府部门按行政体制条块多头推进是主要方式；创新驱动政策部门合作网络从复杂到简单，节点数和连线数波动减少，参与创新驱动政策制定的部门数减少，这些微量变化也在一定程度上说明政策制定主体间复杂性和沟通困难的削减；少数关键部门成为政策制定的核心部门，省科学技术厅、教育厅、省人民政府办公厅和财政厅是主要的发文部门，在政策制定中逐渐成为合作中心，省科学技术厅为河南省创新驱动发展提供了主要的支持。

研究显示，创新驱动政策的主要制定方式是单独发文，但跨部门的协同逐渐成为显著趋势。在政策初期，更多部门选择各自为战，这种现象导致了文件的多发、政策线条的复杂化。这一阶段，单个节点（即部门）数目较多，同时相互间的连线数也表现突出。例如，教育部门可能集中于高校与中学的创新教育政策，而财政部门则主要关注资金支持相关的配套政策。然而，随着政策推进，一些重大跨领域项目的开展使得多部门协作成为必需。由最初的单一部门承担主责，逐渐转变为多部门协调与联合发布的模式。这一过程中，河南省逐步形成了以财政厅、科技厅、发改委、教育厅为中心的核心合作者，其他边缘部门则根据需要进行辅助和支持。研究表明，这种合作关系的演变与政策内容深化同步，反映了政策实践逐步整合与简化趋势。

从政策发布机制的时间节点来看，研究发现，最初阶段政府部门日常文件往往各自为政，涉及面广且缺乏精细的协调机制。然而，随着政策实践的深入，跨部门的合作逐渐成为政策制定的主流。晚期阶段的合作网络简化为核心关键部门联合领导分领域推进形式。这一趋势减轻了决策压力，提高了应对实际问题时的反应速度与执行效能。值得注意的是，在合作网络逐步简单化的过程中，一些念旧未充分激活的资源或未被整合的边缘节点存在一定被边缘化问题，相较核心部门可能发展机会减少。

10.1.4 探讨了府际合作网络的演变特征

通过对上述分析的总结探讨，发现创新驱动府际合作网络结构主要具有以下三个演变特点：府际合作网络由繁到简、发展内容构成多元演进、合作网络非密集型演变。并在此基础上结合创新驱动府际合作网络的政策主体结构、发展内容构成等研究结果，提出了"加强府际合作网络中政府部门管理""优化创新驱动发展内容和政策体系""建立健全创新驱动发展的体制机制"等府际合作网络结构的优化建议。

第一，复杂到简约：起初，政策网络充满各类兴趣交汇点，因而呈现出多节点、多连线的复杂特点。这一阶段突出表现为各部门的充分参与，但带来了沟通成本高、资源错配及执行周期长的问题。随着政策内容明晰与目的性强化，合作网络逐步由原本复杂走向简单化、目标更加聚焦化。

第二，多点内容整合：从单一维度向多元内容转型。例如，政策初期更多聚焦科技研发项目，通过高校、科研机构合作推进，后续逐步延伸到劳动力、资本不断跟进整合。政策联结从原本单线条科技、企业经济领域较集中走向多维综合协调内容。

第三，功能性非密集化组织优化：功能更加聚合。政府对少数节点高活跃度关键节点实现资源有效管理依附特定模式技术平台力量，确保了可能开展的知识与能力配置体系的整体转型演变，并逐一推动政策的合理化实施。

10.2 研究展望

（1）研究样本数量较少，且样本内容也需扩充。本书收集了河南省层面出台的844份创新驱动相关支持政策作为研究样本，对于地市级创新驱动支持政策没有涉及。而且由于某些文件的重要性，存在着文件保密工作，这些创新驱动支持政策文件没有公开发布，无法获取，限制了研究样本的数量及内容。梳理现有的创新驱动支持政策的研究，地方性与全国性创新驱动的对比性研究、不同省市地区之间的对比性研究等基本处于空白，原因可能在于样本数据难以收集，调研难度较大，各省市发展程度不同，研究创新驱动的干扰因素较多等。在日后数据库逐渐完善和研究逐步深入等条件下，可尝试上述问题的探索。

（2）各种政策要素之间的关系和政府部门之间的合作关系有待进一步研究。本书通过分析政策主体、政策客体及政府部门间的合作关系，揭示了政策要素间的内在联系。然而，要实现创新驱动发展战略的有效实施，推动经济高质量发展，必须深入探究现象背后的原因和逻辑。只有厘清政策发展的脉络，揭示政策现象的本质，才能为政策制定者提供科学的理论指导，充分发挥政策的导向作用。未来的研究应进一步探讨政策要素间的动态互动机制以及政府部门间合作关系的优化路径，为创新驱动发展战略的实施提供更有力的支持。

（3）创新驱动政策评估本书并未涉及。虽然研究发现各个政府部门不重视政策反馈，会对政策有效落实产生影响，但是本书并未建立起有效的政策评估体系。所以，可以基于问卷调查、采纳质性访谈、田野调查和实地考察，对政策实施效果进行评估，也可采用灰色关联度法和熵值法对创新驱动政策的实施效果进行评估，这是日后需要完善改进的地方。创新驱动政策的实施效果不仅取决于政策内容本身，还与政策工具的选择密切相关。未来研究可以进一步探讨不同政策工具在创新驱动发展中的作用，例如财政支持、税收优惠、金融创新、知识产权保护等。通过对比分析不同政策工具的效果，可以为政策制定者提供更加科学和精准的政策工具选择建议，从而提高政策的实施效果。

（4）政策执行的动态监测与反馈机制有待进一步研究。政策执行是政策效果实现的关键环节，而动态监测与反馈机制是确保政策执行效果的重要手段。未来研究可以探索建立创新驱动政策执行的动态监测与反馈机制，通过实时数据采集和分析，及时发现政策执行中的问题，并进行调整和优化。同时，可以引入第三方评估机构，对政策执行效果进行独立评估，确保政策执行的透明性和公正性。创新驱动政策的效果往往需要较长时间才能显现，因此，未来研究可以加强对政策效果的长期跟踪与评估。通过建立长期跟踪机制，定期对政策效果进行评估，可以及时发现政策实施中的问题，并进行调整和优化。同时，长期跟踪与评估还可以为政策制定者提供更加全面和准确的政策效果信息，为未来的政策制定提供科学依据。

参 考 文 献

[1] 夏杰长, 马慧洁. 数字技术与制度变革: 发展壮大新质生产力的内生动力 [J]. 科学管理研究, 2024, 42 (06): 12 – 20.

[2] 赵昕, 陈洁, 黄琚等. 会聚观视域下国际科研合作驱动创新的组态模式研究 [J]. 教育发展研究, 2024, 44 (21): 27 – 34.

[3] 王辉, 冯峥, 袁礼等. 公共科研机构绿色研发介入与企业绿色创新——基于环境外部性视角 [J]. 中国工业经济, 2024 (09): 81 – 99.

[4] 阎晓, 任苏平, 涂建军. 资源型城市知识基础演化及创新合作驱动机理 [J]. 资源科学, 2024, 46 (10): 1912 – 1929.

[5] 陈鹏鑫, 曾刚, 胡森林等. 城市群绿色创新网络结构特征与驱动因素的比较研究——以长三角和长江中游城市群为例 [J]. 长江流域资源与环境, 2024, 33 (10): 2099 – 2111.

[6] 吴爱芝, 吕爽, 李国平. 沿海三大城市群发挥高质量发展动力源作用的创新驱动机制 [J]. 经济地理, 2024, 44 (08): 17 – 24, 180.

[7] 占智勇, 徐政, 宁尚通. 数据要素视角下新质生产力创新驱动的理论逻辑与实践路径 [J]. 新疆社会科学, 2024 (03): 43 – 52.

[8] 邵超峰, 战雪松, 车贝贝. 创新驱动: "双碳"目标实现的科技行动思路与对策 [J]. 科技导报, 2024, 42 (07): 15 – 24.

[9] 赵成伟, 夏丹尼, 张孟辉. 基于边界、方式和目标维度视角下的区域协同创新研究 [J]. 区域经济评论, 2024 (02): 18 – 25.

[10] 沙学康, 朱开笛. 区位导向型政策与创新驱动的制造强国战略 [J]. 经济科学, 2023 (05): 30 – 54.

[11] 种照辉,高志红,覃成林. 创新型城市建设的区域协同创新效应研究[J]. 西部论坛,2022,32(06):53-63.

[12] 王进富,邱婧,张颖颖. 多要素驱动区域创新链耦合协调度提升的路径研究——TOE 框架下的 fsQCA 分析[J]. 科技进步与对策,2023,40(04):34-44.

[13] 曲如晓,王陆舰. 全球创新合作网络格局演化及驱动因素——基于复杂网络和敏感性模型的分析[J]. 经济地理,2023,43(01):114-123.

[14] 董微微,蔡玉胜,陈阳阳. 数据驱动视角下创新生态系统价值共创行为演化博弈分析[J]. 工业技术经济,2021,40(12):148-155.

[15] 周俊,刘静. 创新驱动下的互利共赢:社会治理的复合机制何以形成——以嘉兴市"微嘉园"积分管理为例[J]. 治理研究,2021,37(06):52-61.

[16] 曹阳春,刘贻新,张光宇. 基于政府驱动的区块链产业协同创新演化博弈研究[J]. 软科学,2021,35(11):19-24,31.

[17] 张明超,孙新波,钱雨. 数据赋能驱动智能制造企业 C2M 反向定制模式创新实现机理[J]. 管理学报,2021,18(08):1175-1186.

[18] 柳卸林,魏江,陈劲等. 实施创新驱动发展战略 加快推动我国现代化建设——研究阐释党的十九届五中全会精神笔谈[J]. 经济管理,2021,43(01):5-17.

[19] 李晓娣,张小燕,侯建. 高科技企业技术标准化驱动创新绩效机理:创新生态系统网络特性视角[J]. 管理评论,2020,32(05):96-108.

[20] 张新香. 商业模式创新驱动技术创新的实现机理研究——基于软件业的多案例扎根分析[J]. 科学学研究,2015,33(04):616-626.

[21] 刘云,叶选挺,杨芳娟等. 中国国家创新体系国际化政策概念、分类及演进特征——基于政策文本的量化分析[J]. 管理世界,2014(12):62-69,78.

[22] 刘鑫,邓斯嘉,赖彦钏. 区域创新共同体的府际合作机制及其建设发展对策:以成渝地区双城经济圈为例[J]. 科技管理研究,2022,42(24):91-100.

[23] 熊小刚. 政策工具视角下中国"双创"政策内容分析及优化建议[J]. 软科学, 2018, 32 (12): 19-23.

[24] 王宏起, 李婧媛, 李玥. 基于政策文本的"双创"政策量化研究[J]. 情报杂志, 2018, 37 (01): 59-65.

[25] 杨凯瑞, 何忍星, 钟书华. 政府支持创新创业发展政策文本量化研究 (2003—2017 年) ——来自国务院及 16 部委的数据分析[J]. 科技进步与对策, 2019, 36 (15): 107-114.

[26] 王永清. 地方政府高层次人才引进政策创新研究[J]. 现代经济信息, 2019 (23): 95.

[27] 桂媛. "双创"政策引导与文化驱动机制建设[J]. 中国高校科技, 2017 (12): 84-86.

[28] 王宏起, 李婧媛. 区域双创政策对科技创新创业活动的影响机理[J]. 科技进步与对策, 2017, 34 (18): 36-41.

[29] 乌仕明, 李正风. 孵化到众创: 双创政策下科技企业孵化器的转型[J]. 科学学研究, 2019, 37 (09): 1626-1631, 1701.

[30] 江永清. 基于 AHP 的我国政府购买服务支持双创政策扩散过程评价[J]. 安徽大学学报 (哲学社会科学版), 2018, 42 (06): 149-156.

[31] 郑秀梅, 王海燕. "双创"驱动经济发展的效果评价研究[J]. 科研管理, 2019, 40 (04): 44-53.

[32] 赵磊. 高校 MOOC 创新扩散动因及路径研究[D]. 大连: 大连理工大学, 2017.

[33] 赵吉波. 基于创新扩散理论的社区便利店代收快递采纳意愿影响因素研究[D]. 北京: 北京邮电大学, 2021.

[34] 吉柯宇. 公共政策扩散理论及其现实应用研究[D]. 北京: 华北电力大学, 2019.

[35] Solo C. S. Innovation in the Capitalist Process: A Critique of the Schumpeterian Theory [J]. The Quarterly Journal of Economics, 1951: 417-428.

[36] 迈克尔·波特. 国家竞争优势[M]. 北京: 华夏出版社, 2007: 530-548.

[37] 彼得·德鲁克. 创新与企业家精神 [M]. 北京：机械工业出版社，2007.

[38] Utterback J. M. Innovation in Industry and the Diffusion of Technology [J]. Science, 1974, 183 (4125)：620-626.

[39] Edwin Mansfield, Mark. Imitation Costs and Patents：An Empirical Study [J]. Economic Journal, 1981.

[40] 何精华. 府际合作治理：生成逻辑、理论涵义与政策工具 [J]. 上海师范大学学报（哲学社会科学版），2011（06）：41-48.

[41] 程必定. 泛长三角区域合作机制及政府管理创新 [J]. 安徽大学学报（哲学社会科学版），2009（05）：133-138.

[42] Kanbur R. Heterogeneity, Distribution, and Cooperation in Common Property Resource Management [J]. The World Development Report, 1992.

[43] 杨凯瑞，赵书漫，蔡龙珠. 河南省智慧城市建设客体研究：政策文本量化分析 [J]. 创新科技，2020，20（06）：83-92.

[44] 李纲等. 公共政策内容分析方法：理论与应用 [M]. 重庆：重庆大学出版社，2007：4.

[45] 岑树田，葛扬. 我国创新驱动发展战略的政策效应研究——基于财政科技投入视角的理论与实证 [J]. 经济问题，2023（05）：9-21.

[46] Rothwell R, Zegveld W. Reindusdalization and technology [M]. Logman Group Limited, 1985：83-104.

[47] 俞立平，冉嘉睿，张运梅. 政策工具视角下科技创新质量相关政策演化特征研究——基于 2000—2022 年政策文本分析 [J]. 宏观质量研究，2023，11（03）：18-31.

[48] 王福涛，潘振赛，汪艳霞. 科研院所改革政策主体演化研究 [J]. 科学学研究，2018（04）：673-683.

[49] 杨骞，陈晓英，田震. 新时代中国实施创新驱动发展战略的实践历程与重大成就 [J]. 数量经济技术经济研究，2022，39（08）：9.

[50] 曹霞，崔雷，黄鹏. 国际图书情报领域作者、机构和国家合著网络剖析 [J]. 现代情报，2017，37（01）：142-147，159.

[51] 马宗国,范学爱. "双循环"新发展格局下国家自主创新示范区创新驱动发展评价[J]. 经济体制改革,2021(02):21-27.

[52] 魏钰明,贾开,曾润喜等. DeepSeek突破效应下的人工智能创新发展与治理变革[J]. 电子政务,1-38.

[53] 白永秀,吴杨辰浩. 中国特色社会主义政府与市场关系理论的发展和创新[J]. 福建论坛(人文社会科学版),2025(01):5-18.

[54] 潘爽. 中国经济高速增长与创新驱动不足并存之谜——基于地方经济增长目标设定的解释[J]. 科研管理,2024,45(11):1-13.

[55] 朱齐宇,李白杨,张心源等. 不确定环境下我国人工智能产业政策的演化形成研究[J]. 现代情报,2025,45(02):72-86.

[56] 王磊,徐骏. 数字政府赋能产业结构升级——基于电子政务综合试点的拟自然实验[J]. 财经论丛,2024(05):28-38.

[57] 李振东,陈劲,王伟楠. 国家数字化发展战略路径、理论框架与逻辑探析[J]. 科研管理,2023,44(07):1-10.

[58] 宋琪,谷灏. 政策"工具—功能"视角下人工智能产业央地政策研究[J]. 科学与社会,2022,12(01):84-102.

[59] 臧维,张延法,徐磊. 我国人工智能政策文本量化研究——政策现状与前沿趋势[J]. 科技进步与对策,2021,38(15):125-134.

[60] 陈小亮,陈彦斌. 发展人工智能的产业政策存在的问题与调整思路[J]. 人文杂志,2019(11):25-32.

[61] 李良成,李莲玉. 目标—工具—产业链三维框架下人工智能政策研究[J]. 自然辩证法研究,2019,35(10):112-118.

[62] 袁野,马彦超,陶于祥等. 基于内容分析法的中国人工智能产业政策分析——供给、需求、环境框架视角[J]. 重庆大学学报(社会科学版),2021,27(02):109-121.

[63] 朱龙,孙硕,李婉怡等. 粤澳深度合作区教育高质量发展的价值和实现路径[J]. 中国高等教育,2021(24):20-22.

[64] 梁逸,赵毅平. 产学研融合,驱动创新——清华、安踏引领体育用品产业的前沿探索[J]. 装饰,2021(10):36-43.

[65] 唐雯，王卫彬．科技型中小企业创新生态系统构建现状——基于200家企业的调查分析［J］．技术经济与管理研究，2021（02）：34-39．

[66] 郑文江，俞佳敏，黄璐等．区域科技协同创新体系分析框架研究——以珠江三角洲地区与香港的区域合作为例［J］．科技管理研究，2019，39（24）：47-53．

[67] 余晓芳，刘耀东．创新驱动发展战略背景下高校产学研协同创新机制研究［J］．理论月刊，2019（12）：155-160．

[68] 刘秀玲，谢富纪，王海花．中央政府层面的区域创新发展政策分析——基于内容分析法［J］．中国科技论坛，2019（05）：87-97，122．

[69] 周小刚，贾仁安，李丽清等．创新驱动升级的SD建模和策略的反馈仿真组合分析——以江西合力有限公司创新升级为例［J］．系统工程理论与实践，2018，38（11）：2831-2851．

[70] 辜胜阻，曹冬梅，杨嵋．构建粤港澳大湾区创新生态系统的战略思考［J］．中国软科学，2018（04）：1-9．

[71] 隋艳颖．创新驱动发展战略下城市创新能力比较研究——以一线城市为例［J］．首都经济贸易大学学报，2018，20（01）：69-79．

[72] 於流芳，尹继东，许水平．供给侧改革驱动下创新主体异质性与创新联盟关系风险［J］．科技进步与对策，2017，34（05）：6-13．

[73] 李建勇，杨海波，彭维瀚．新常态下我国信托业发展有效率吗——基于利率市场化创新驱动视角的实证分析［J］．财经科学，2016（11）：34-46．

[74] 李晓萍，李平，江飞涛．创新驱动发展战略中市场作用与政府作为——德国经验及其对我国的启示［J］．产经评论，2015，6（06）：5-12．

[75] 赵丹妮．"一带一路"创新驱动科技金融"试验田"运行模式研究［J］．科学管理研究，2015，33（04）：110-112．

[76] 中国生产力学会课题组，郑新立，高铁生，翟立功，陈胜昌，常义．"十三五"时期实施创新驱动发展战略和建设创新型国家的战略目标和战略重点［J］．经济研究参考，2015（14）：21-42．

[77] 董恒敏，李柏洲．产学研协同创新驱动模式——基于河南驼人集团

的案例研究 [J]. 科技进步与对策, 2015, 32 (05): 20-25.

[78] 王海花, 谢富纪, 周嵩安. 创新生态系统视角下我国实施创新驱动发展战略的"四维"协同框架 [J]. 科技进步与对策, 2014, 31 (17): 7-11.

[79] 钟睿. 创新驱动发展战略下提升高校科研水平——以工业和信息化部7所部属高校为例 [J]. 中国高校科技, 2019 (Z1): 30-33.